Queneau Eine Modellgeschichte

Frühe Texte der Moderne
Herausgegeben von Jörg Drews,
Hartmut Geerken und Klaus Ramm

Raymond Queneau

Eine Modellgeschichte
Une histoire modèle

Übersetzt aus dem Französischen
und herausgegeben von Eugen Helmlé

edition text + kritik

CIP-Kurztitelaufnahme der Deutschen Bibliothek

QUENEAU, RAYMOND:
Eine Modellgeschichte: franz. u. dt. = Une histoire modèle / Raymond Queneau. Übers. aus d. Franz. u. hrsg. von Eugen Helmlé. – München: edition text + kritik, 1985.
(Frühe Texte der Moderne)
Einheitssacht.: Une histoire modèle
ISBN 3-88377-211-9

Satz: Typodata GmbH, München
Druck: Weber Offset GmbH, München
Buchbinder: Vogel GmbH, Haar
Umschlag-Entwurf: Dieter Vollendorf

ISBN 3-88377-211-9

Vorbemerkung

Im Juli 1942 habe ich mit der Niederschrift dessen begonnen, was ich nach dem Beispiel Desargues': *Planskizze zur Erreichung einer absoluten Wissenschaft der Geschichte* betiteln wollte; im Oktober habe ich diese Arbeit, von der ich bloß die ersten XCVI Kapitel geschrieben hatte, wieder aufgegeben. Die Quellen sind leicht zu erkennen: zum einen die *Lektionen über die mathematische Theorie des Kampfs ums Dasein* von Vito Volterra; zum andern Vico, Brück, William Flinders Petrie, Spengler, Autoren also, die geglaubt haben, in der Geschichte Rhythmen oder Zyklen erkennen zu können (über den augenblicklichen Stand der Dinge lese man den Artikel Guy Beaujouans über *Die historische Zeit* in dem Band *»Die Geschichte und ihre Methoden«* der Encyclopédie de la Pléiade).
Wenn ich diesen Text (dem ich nur einen anderen Titel gegeben habe), obgleich er unvollständig geblieben ist, heute veröffentliche, so tue ich es zum einen, weil mir scheint, daß ich damit dem Personenkreis, der sich für meinen Roman *Die blauen Blumen* interessiert hat, zusätzliche Informationen liefere, zum anderen, weil man ihn, selbst wenn man seinen Beitrag zur quantitativen Geschichte als wertlos betrachtet, wenigstens als ein Tagebuch ansehen kann.

C'est en juillet 1942 *que j'ai commencé d'écrire ce que je voulais intituler, en m'inspirant de Desargues:* Brouillon projet d'une atteinte à une science absolue de l'histoire; *au mois d'octobre, j'abandonnai ce travail n'en ayant rédigé que les* XCVI *premiers chapitres. On en identifiera facilement les sources: d'une part, les* Leçons sur la théorie mathématique de la lutte pour la vie *de Vito Volterra; de l'autre Vico, Brück, William Flinders Petrie, Spengler, auteurs qui ont cru pouvoir discerner des rythmes ou des cycles en histoire (sur l'état actuel de la question, on consultera l'article de M. Guy Beaujouan sur* Le Temps Historique *dans le volume consacré à* L'Histoire et ses Méthodes *dans l'*Encyclopédie de la Pléiade).
Si je publie aujourd'hui ce texte bien qu'inachevé (et dont je n'ai changé que le titre), c'est, d'une part, parce qu'il me semble fournir un supplément d'information aux personnes qui ont bien voulu s'intéresser aux Fleurs Bleues; *de l'autre, parce que, même si l'on estime nulle sa contribution à l'histoire quantitative, on pourra toujours le considérer, au moins, comme un journal intime.*

Eine Modellgeschichte
Une histoire modèle

I

L'histoire est la science du malheur des hommes.

S'il n'y avait pas de guerres ou de révolutions, il n'y aurait pas d'histoire; il n'y aurait pas matière à histoire; l'histoire serait sans objet. Tout au plus existerait-il des annales. La parémiologie l'enseigne: les peuples heureux n'ont pas d'histoire. L'histoire est la science du malheur des hommes.

II

Mais l'histoire est-elle une science? Non.

L'histoire ne permet pas de prévoir, d'agir, de modifier les événements. Elle n'est pas une science. Elle demeure au stade qualitatif, alchimique, astrologique. Elle est un simple récit, accompagné de jugements qualitatifs et d'une recherche aveugle des causes. C'est une science confuse. Ce n'est que par une extension illégitime du mot science que l'on peut dire que c'en est une.

III

Peut-elle en devenir une? Oui.

C'est l'objet du présent livre.

I

Die Geschichte ist die Wissenschaft vom Unglück der Menschen.

Wenn es keine Kriege oder Revolutionen gäbe, gäbe es auch keine Geschichte; es gäbe keinen Geschichtsstoff; die Geschichte wäre gegenstandslos. Es existierten höchstenfalls Annalen. Die Parömiologie lehrt es: die glücklichen Völker haben keine Geschichte. Die Geschichte ist die Wissenschaft vom Unglück der Menschen.

II

Aber ist die Geschichte eine Wissenschaft? Nein.

Die Geschichte erlaubt nicht, die Ereignisse vorauszusehen, zu modifizieren, auf sie einzuwirken. Sie ist keine Wissenschaft. Sie bleibt im qualitativen, alchimistischen, astrologischen Zustand. Sie ist einfache Erzählung, begleitet von qualitativen Urteilen und einer blinden Suche nach den Ursachen. Sie ist eine verschwommene Wissenschaft. Nur durch eine unstatthafte Auslegung des Wortes Wissenschaft kann man von ihr sagen, daß sie eine ist.

III

Kann sie eine werden? Ja.

Das ist das Ziel des vorliegenden Buches.

IV

Malheurs des hommes.

En dehors des guerres et des révolutions (I), il y a les troubles climatiques et météorologiques (sécheresses, famines, inondations, etc.), les épidémies, les catastrophes naturelles (tremblements de terre, éruptions volcaniques, etc.), etc. Les annales consignent également les apparitions et phénomènes extraordinaires (monstres, météores, etc.), ainsi que les dates de naissance et de mort des rois ou personnages importants.

V

Essais de corrélations.

Une première réflexion essaiera de découvrir des corrélations entre phénomènes astronomiques, climatiques, etc. et les malheurs des hommes. Ceux-là étant périodiques, on cherche ensuite à déterminer des cycles historiques. L'histoire suit cette voie, lorsqu'elle ne devient pas littérature puis érudition et recherche aveugle des causes (II).

VI

Malheurs de la nature.

En dehors des grandes catastrophes naturelles que l'on peut concevoir comme affectant douloureusement la nature, les plus simples phénomènes astronomiques sont perçus comme malheurs; ainsi le décès quotidien du soleil, et les phases de la lune.

IV

Unglücke der Menschen.

Außer den Kriegen und Revolutionen (I) gibt es die klimatischen und meteorologischen Störungen (Trockenheiten, Hungersnöte, Überschwemmungen usw.), die Epidemien, die Naturkatastrophen (Erdbeben, Vulkanausbrüche usw.) usw. Die Annalen führen auch die außergewöhnlichen Erscheinungen und Phänomene (Ungeheuer, Meteore usw.) sowie die Geburts- und Todesdaten der Könige oder bedeutenden Persönlichkeiten an.

V

Korrelationsversuche.

Eine erste Überlegung wird zunächst einmal versuchen, Wechselbeziehungen zwischen astronomischen, klimatischen und sonstigen Erscheinungen und den Unglücken der Menschen zu entdecken. Da diese periodisch sind, versucht man nun, historische Zyklen festzusetzen. Die Geschichte folgt diesem Weg, wenn sie nicht Literatur, dann Gelehrsamkeit und blindes Suchen nach den Ursachen wird (II).

VI

Unglücke der Natur.

Außer den großen Naturkatastrophen, die man als schmerzliche Einwirkungen auf die Natur ansehen kann, werden die einfachsten astronomischen Erscheinungen als Unglücke wahrgenommen; so das tägliche Sterben der Sonne und die Mondphasen.

VII

S'il n'y avait pas de malheurs, il n'y aurait rien à raconter.

Cela va de soi. Autrement dit, le bonheur est homogène, le malheur est divers. Une suite de bonnes récoltes n'a pas à figurer dans les annales; une mauvaise, oui. Une trop bonne également, l'excès dans le bien amenant une compensation en sens inverse.

VIII

L'histoire naît avec un déséquilibre.

Elle continue avec des déséquilibres, et par eux. Les alternances d'excès positifs ou négatifs et de calmes entraînent la réflexion à considérer des périodicités (V). Si l'humanité atteignait un état d'équilibre, il n'y aurait plus d'histoire.

IX

But de la science historique.

L'histoire ayant pour objet la prévision de ce qui fait son objet propre, c'est-à-dire les malheurs collectifs des hommes, elle sert donc de but à une thérapeutique collective des sociétés et doit conduire à l'établissement du bonheur parmi les hommes, c'est-à-dire à sa propre disparition. Ce but est sans doute idéal, comme celui de la médecine et de l'hygiène qui cesseraient d'avoir un intérêt quelconque si leur but était entièrement atteint.

VII

Wenn es kein Unglück gäbe, gäbe es auch nichts zu erzählen.

Das versteht sich von selbst. Mit anderen Worten, das Glück ist homogen, das Unglück ist mannigfaltig. Eine Folge von guten Ernten braucht nicht in den Annalen zu stehen; eine schlechte ja. Eine zu gute ebenfalls, da das Übermaß an Gutem einen umgekehrten Ausgleich herbeiführt.

VIII

Die Geschichte entsteht mit einem Verlust des Gleichgewichts.

Sie wird fortgesetzt mit ständigen Gleichgewichtsverlusten und durch sie. Der Wechsel von positivem oder negativem Übermaß und Zeiten der Ruhe führt das Denken dazu, Periodizitäten in Erwägung zu ziehen (V). Wenn die Menschheit einen Zustand des Gleichgewichts erreichte, gäbe es keine Geschichte mehr.

IX

Zweck der historischen Wissenschaft.

Da die Geschichte die Vorausschau dessen zum Gegenstand hat, was ihren eigenen Gegenstand ausmacht, das heißt, das kollektive Unglück der Menschen, zielt sie also auf eine kollektive Therapie der Gesellschaften und soll zur Begründung des Glücks unter den Menschen, das heißt, zu ihrer eigenen Aufhebung führen. Dieses Ziel ist zweifellos rein ideeller Art, wie der der Medizin und der Hygiene, die uninteressant werden würden, wenn ihr Ziel völlig erreicht wäre.

X

Origine des religions.

Les religions naissent également avec la considération du malheur des hommes. Mais elles sont plus immédiatement étiologiques. Il en résulte que l'histoire prend souvent une teinte religieuse. Et les religions disparaîtraient avec le bonheur des hommes.

XI

Origine du langage.

Les gémissements de la douleur, les plaintes de la souffrance sont à l'origine du langage; et plus précisément le désir du malheureux de se décrire, lui et ses malheurs (par exemple le malade, ses maladies), ou du témoin d'annoncer quelque nouvelle (nécessairement mauvaise). L'action collective peut se faire sans autre aide que le geste ou le croquis, mais le malheur a besoin du langage, et le forge.

XII

Langage de la nature.

La nature, elle aussi, ne se fait entendre que pour se plaindre et gémir. L'harmonie des sphères, on ne l'entend point communément, ce semble. Par contre, le tonnerre, le vent, le grondement volcanique, etc.

X

Ursprung der Religionen.

Die Religionen entstehen ebenfalls mit der Betrachtung des Unglücks der Menschen. Aber sie sind unmittelbarer ätiologisch. Daraus folgt, daß die Geschichte häufig eine religiöse Färbung annimmt. Und die Religionen würden mit dem Glück der Menschen verschwinden.

XI

Ursprung der Sprache.

Das Seufzen des Schmerzes, die Klagen der Not sind der Ursprung der Sprache; genauer gesagt der Wunsch des Unglücklichen sich zu beschreiben, sich und sein Unglück (der Kranke zum Beispiel seine Krankheiten) oder des Zeugen, irgendeine (notwendigerweise schlechte) Nachricht zu verkünden. Das kollektive Handeln kommt ohne jede andere Hilfe als die Gebärde oder die Skizze aus, das Unglück aber braucht die Sprache und schmiedet sie.

XII

Sprache der Natur.

Auch die Natur läßt sich nur vernehmen, um zu klagen und zu wimmern. Die Harmonie der Sphären hört man, wie es scheint, gemeinhin nicht. Wohl aber den Donner, den Wind, das vulkanische Grollen usw.

XIII

Le malheur des hommes fait aussi l'objet des récits imaginaires.

Les récits imaginaires ne peuvent avoir pour sujet que le malheur des hommes, sinon, ils n'auraient rien à raconter. Que la conclusion en soit heureuse ou tragique, il faut qu'il y ait eu risques, perturbations, troubles. Dans les idylles les plus anodines, il y a au moins l'ombre du danger. Tout le narratif naît du malheur des hommes.

XIV

Comment en est-on venu à raconter des histoires?

L'expérience apprend à l'homme que le malheur toujours le guette. Dans cette attente, il dissipe son angoisse en inventant ou en adoptant des malheurs imaginaires.

XV

Le roman comique.

Lorsque le narrateur sourit et dédaigne la mort, on appelle son récit un roman comique.

XIII

Das Unglück der Menschen ist auch das Thema der fiktiven Erzählungen.

Die fiktiven Erzählungen können nur das Unglück der Menschen zum Gegenstand haben, sonst hätten sie nichts zu erzählen. Ob der Schluß nun glücklich oder tragisch ist, es muß Gefahren, Mißhelligkeiten, Unruhen gegeben haben. In den harmlosesten Idyllen gibt es zumindest noch den Schatten einer Gefahr. Alles Erzählerische entsteht aus dem Unglück der Menschen.

XIV

Wie ist man darauf gekommen, Geschichten zu erzählen?

Die Erfahrung lehrt den Menschen, daß das Unglück immer auf ihn lauert. In dieser Erwartung verscheucht er seine Angst, indem er eingebildetes Unglück erfindet oder einführt.

XV

Der heitere Roman.

Wenn der Erzähler lächelt und den Tod verachtet, nennt man seine Erzählung einen heiteren Roman.

XVI

D'une hypothèse.

Il est bon d'envisager à l'origine des temps un couple heureux. C'est l'hypothèse dite du Paradis Terrestre. Le premier malheur qui les accable les précipite dans l'histoire, et la chronologie commence.

XVII

De l'âge d'or.

Dans cette hypothèse, on considère un groupe humain plongé dans le bonheur. Cet âge n'a pas d'histoire. Lorsque l'histoire cesse, cet âge on réintègre.

XVIII

Caractère économique de cette hypothèse.

L'analyse des représentations que les hommes ont pu se faire de l'âge d'or montre qu'il est possible de donner de cette époque hypothétique une définition basée sur des données premières: »on appelle âge d'or une époque telle que l'homme obtient une nourriture abondante sans travail, et telle qu'il n'en prévoit pas la fin.«

XVI

Von einer Hypothese.

Es ist gut, sich am Anfang der Zeiten ein glückliches Paar vorzustellen. Das ist die Hypothese vom sogenannten Irdischen Paradies. Das erste Unglück, das sie trifft, stürzt sie in die Geschichte und die Zeitrechnung beginnt.

XVII

Vom goldenen Zeitalter.

Bei dieser Hypothese betrachtet man eine Menschengruppe, die im Glück lebt. Dieses Zeitalter hat keine Geschichte. Sobald die Geschichte aufhört, fängt dieses Zeitalter wieder an.

XVIII

Der ökonomische Charakter dieser Hypothese.

Die Analyse der Vorstellungen, die sich die Menschen vom goldenen Zeitalter gemacht haben, zeigt, daß es möglich ist, dieser hypothetischen Epoche eine Definition zu geben, die sich auf erste Angaben gründet: »Man nennt goldenes Zeitalter eine Epoche, die so beschaffen ist, daß der Mensch ohne Arbeit ausreichend Nahrung erhält und deren Ende er nicht abzusehen vermag.«

XIX

De la prévision.

Les hommes vivant dans un état idyllique ne prévoient pas la crise ou catastrophe qui amènera la fin de l'état dans lequel ils se trouvent. C'est l'âge d'or véritable. Dans l'époque subséquente, on peut retrouver un bonheur encore assez grand, mais il vient un temps où certains hommes *peuvent* (ce qui dans le premier âge est impossible, car ils n'ont pas d'éléments pour nourrir leur imagination) prévoir une crise ou catastrophe analogue à celle qui mit fin à la première époque. Il y a des limites, dans l'histoire, à cette possibilité de prévision; elles sont en général si grandes que la prévision est d'ordinaire nulle. Prévoir avec une approximation même légère les événements à venir dans les dix suivantes années est peu commun. Prévoir au-delà d'un siècle (LXVI) semble dépasser les capacités humaines. Il sera toujours possible de calculer le coefficient de chaque groupe, en ce qui concerne sa capacité de prévoir. Lorsque le coefficient est nul, on dit que le groupe est aveugle ou aveuglé: Cassandre. Si, pour un groupe donné, ce coefficient atteignait l'unité, il n'y aurait plus alors que certitude et possibilité pour ce groupe d'éviter l'histoire. Naturellement, un groupe, prévoyant son destin néfaste dans une certaine direction, peut cependant s'engager dans cette voie: *deteriora sequitur.*

XIX

Von der Vorausschau.

Die Menschen, die in einem idyllischen Zustand leben, sehen die Krise oder Katastrophe nicht voraus, die das Ende des Zustandes herbeiführen würde, in dem sie sich befinden. Es ist das wirkliche goldene Zeitalter. In der darauffolgenden Epoche kann man ein noch immer ziemlich großes Glück wiederfinden, doch kommt eine Zeit, wo manche Menschen eine Krise oder Katastrophe voraussehen *können* (was im ersten Zeitalter unmöglich ist, da sie noch keine Elemente besitzen, die ihrer Phantasie Nahrung geben), vergleichbar der, die der ersten Epoche ein Ende gesetzt hat. Für diese Möglichkeit der Vorausschau gibt es in der Geschichte Grenzen; sie sind in der Regel so groß, daß die Vorausschau gewöhnlich gleich Null ist. Die in den folgenden zehn Jahren eintretenden Ereignisse auch nur annäherungsweise vorauszusehen, ist unüblich. Über ein ganzes Zeitalter hinaus vorauszusehen (LXVI), scheint die menschlichen Fähigkeiten zu übersteigen. Es wird zwar immer möglich sein, den Koeffizienten einer jeden Gruppe zu errechnen, was ihre Fähigkeit zur Vorausschau betrifft. Ist der Koeffizient Null, so heißt es, daß die Gruppe blind oder verblendet ist: Kassandra. Würde dieser Koeffizient für eine bestimmte Gruppe Einheitlichkeit erreichen, so gäbe es für diese Gruppe nur noch Gewißheit und damit die Möglichkeit, die Geschichte zu vermeiden. Natürlich kann eine Gruppe, die ihr verhängnisvolles Schicksal in einer bestimmten Richtung voraussieht, dennoch diesen Weg beschreiten. *deteriora sequitur.*

XX

Description de l'âge d'or.

Les sages de la Chine disent, paraît-il, qu'alors... »il n'y avait ni routes, ni bacs... chacun restait chez soi sans savoir ce qu'il y faisait ou se promenait sans savoir où il allait. On bâfrait et l'on s'esclaffait! On se tapait sur le ventre et s'ébaudissait! On mourait de vieillesse sans être entré en relation même avec ceux dont on entendait chanter le coq et le chien aboyer.«

XXI

Définition mathématique de l'âge d'or.

Soit N (t) le nombre de membres du groupe au temps t, Q (N) la quantité de nourriture consommée chaque an par le groupe, Q la quantité de nourriture absolue obtenue sans travail sur le territoire occupé par le groupe, celui-ci étant considéré comme sans voisins et comme n'ayant pas à redouter d'autre espèce animale. Il y a crise, lorsque Q (N) = Q, N (t) étant supposé croissant et par conséquent Q (N). Soit T, le temps de crise, T', le temps de Cassandre (purement hypothétique durant cette première époque). Il y a âge d'or lorsque T' > T.

XX

Beschreibung des goldenen Zeitalters.

Die Weisen Chinas sagen, wie es scheint, daß es damals … »weder Straßen noch Fähren gab… jeder blieb zu Hause, ohne zu wissen, was er dort tat oder er ging spazieren, ohne zu wissen, wohin er ging. Man schlug sich den Wanst voll und lachte laut! Man schlug sich auf den Bauch und freute sich! Man starb an Altersschwäche und war nicht einmal mit denen in Berührung gekommen, deren Hahn man krähen oder deren Hund man bellen hörte.«

XXI

Mathematische Definition des goldenen Zeitalters.

Es sei A (z) die Anzahl der Gruppenmitglieder zur Zeit z, N (A) die Nahrungsmenge, die jährlich von der Gruppe verzehrt wird, N die absolute Nahrungsmenge, die man ohne Arbeit auf dem von der Gruppe bewohnten Gebiet erhält, wobei vorausgesetzt wird, daß diese ohne Nachbarn ist und keine andere tierische Gattung zu befürchten hat. Es kommt zur Krise, wenn N (A) = N, A (z) zunimmt und damit auch N (A). Es sei Z die Krisenzeit, Z' die Kassandrazeit (in dieser Frühepoche rein hypothetisch). Das goldene Zeitalter gibt es dann, wenn Z' > Z.

XXII

Première méthode à employer en histoire.

L'histoire ne peut commencer que dans un rapport étroit avec la biologie. Ses deux bases seront alors les lois de développement des groupes animaux et les lois relatives à la lutte pour la vie. On concevra un »modèle mathématique« élémentaire, tel que le suivant: un groupe issu d'un couple unique, vivant dans un milieu fournissant une nouriture abondante. Un moment viendra où cette nourriture deviendra insuffisante pour le groupe considéré; il se produira plusieurs espèces de phénomènes, qui seront envisagés plus loin et qui dépendent sans doute d'autres variables.

XXIII

L'insouciance.

Lorsque, d'une façon ou d'une autre, la quantité de nourriture est redevenue suffisante (toujours sans travail), on a un second âge d'or (relatif). Mais on peut dire alors que son élément principal de bonheur, l'insouciance, n'existe plus. Au temps T', où il est raisonnable de prévoir que la crise va se produire, un individu au moins peut commencer à se soucier de l'avenir: Cassandre.

XXII

Erste Methode, die in der Geschichte anzuwenden ist.

Die Geschichte kann nur im engen Zusammenhang mit der Biologie beginnen. Ihre beiden Grundlagen sind dabei die Wachstumsgesetze der tierischen Gruppen und die Gesetze, die sich auf den Kampf ums Dasein beziehen. Man stelle sich ein elementares »mathematisches Modell« wie etwa das folgende vor: eine aus einem einzigen Paar hervorgegangene Gruppe, die in einem Raum lebt, der ausreichend Nahrung liefert. Es wird der Augenblick kommen, wo diese Nahrung für die in Betracht gezogene Gruppe nicht mehr ausreicht; es werden mehrere Arten von Phänomenen auftreten, mit denen wir uns später noch befassen wollen, und die zweifellos von anderen veränderlichen Größen abhängen.

XXIII

Die Sorglosigkeit.

Wenn auf die eine oder andere Weise die Nahrungsmittelmenge wieder ausreichend geworden ist (immer noch ohne Arbeit), so hat man ein zweites (relativ) goldenes Zeitalter. Doch läßt sich nun sagen, daß sein wichtigstes Glückselement, nämlich die Sorglosigkeit, nicht mehr existiert. In der Zeit Z', wo es vernünftig ist vorauszusehen, daß die Krise eintreten wird, kann sich zumindest eine Person allmählich Sorgen um die Zukunft machen: Kassandra.

XXIV

Rapports primaires avec la psychologie.

Cette base démographique et économique de l'histoire qui la met d'une façon normale en rapport avec les sciences biologiques établit aussi son lien avec la psychologie, puisqu'elle correspond ainsi aux deux instincts fondamentaux de l'homme (biologiques aussi), la reproduction et la conservation.

XXV

Où l'on fonde définitivement l'histoire.

Cependant ces modèles mathématiques de mondes humains simples ne fourniront des modèles historiques que lorsqu'on les aura fait passer dans le monde du temps et de l'espace concrets. C'est-à-dire que ces groupes vivent sur la terre, laquelle a une histoire (astronomique) et une constitution (géographique et magnétique).

XXVI

Points négligés dans la définition XXI.

On suppose qu'il ne se produit alors aucune »catastrophe« dépendant précisément des éléments qualitatifs temporels et spatiaux.

XXIV

Urbeziehungen zur Psychologie.

Diese demographische und ökonomische Grundlage der Geschichte, die sie auf ganz normale Weise mit den biologischen Wissenschaften in Beziehung bringt, begründet auch ihre Bindung zur Psychologie, da sie so den beiden (auch biologisch) fundamentalen Trieben des Menschen, dem Fortpflanzungs- und Selbsterhaltungstrieb, entspricht.

XXV

Wo die Geschichte endgültig begründet wird.

Diese mathematischen Modelle einfacher menschlicher Welten werden jedoch erst dann historische Modelle liefern, wenn man sie in die Welt der konkreten Zeit und des konkreten Raums übergeführt hat. Das heißt, daß diese Gruppen auf der Erde leben, die eine (astronomische) Geschichte und eine (geographische und magnetische) Konstitution hat.

XXVI

In der Definition XXI vernachlässigte Punkte.

Es wird angenommen, daß dabei keine »Katastrophe« eintritt, die gerade von qualitativen, zeitlichen und räumlichen Elementen abhängt.

XXVII

Faim et amour.

Le déséquilibre semble d'origine nutritif. Les appétits (l'appétit) étant satisfaits, les désirs sexuels le sont également. Ce n'est que lorsque la crise économique survient que les troubles amoureux apparaissent. Ainsi le double sens de la pomme.

XXVIII

L'état optimum.

Il n'a pas duré, et n'était pas durable. C'est une constatation que l'on doit faire, et expliquer.

XXIX

L'homme, dévorant.

Durant cette première période, l'homme se nourrit sans culture, ni travail. Il est purement dévorant et déprédateur. Dans XXI, Q est considéré comme constant; si Q est une fonction décroissante, T est d'autant plus proche de l'origine. On peut encore admettre que Q croisse, moins vite cependant que N; mais il faut bien supposer impossible que la croissance de Q rende cette quantité toujours supérieure aux exigences de N. Cette quantité est d'ailleurs éminemment de nature végétale, et le territoire sur lequel on la recherche, limité afin de maintenir la cohésion du groupe.

XXVII

Hunger und Liebe.

Der Verlust des Gleichgewichts scheint nahrungsbedingt zu sein. Ist der Hunger gestillt, sind es die sexuellen Begierden auch. Erst wenn wirtschaftliche Krisen auftauchen, kommt es auch zu Störungen im Liebesleben. Daher die Doppeldeutigkeit des Apfels.

XXVIII

Der Optimalzustand.

Er hat nicht gedauert und war nicht dauerhaft. Das ist eine Feststellung, die man treffen und erklären muß.

XXIX

Der Mensch, gefräßig.

Während dieser ersten Periode ernährt sich der Mensch ohne Ackerbau und ohne Arbeit. Er frißt nur und treibt Raubbau. In XXI wird N als eine Konstante angesehen; wenn N eine abnehmende Funktion ist, so ist Z umso näher am Ursprung. Man kann aber auch annehmen, daß N zunimmt, jedoch langsamer als A; allerdings darf es dann wohl als unmöglich angesehen werden, daß das Wachstum von N diese Nahrungsmenge immer größer macht als die Erfordernisse von A. Diese Nahrungsmenge ist übrigens vorwiegend pflanzlicher Art und das Gebiet, wo sie gesucht wird, begrenzt, um den Zusammenhalt der Gruppe zu gewährleisten.

XXX

L'étude mathématique de deux espèces, l'une dévorante, l'autre dévorée.

Dans l'étude, la plus élémentaire mathématiquement (compte non tenu des actions héréditaires), de deux espèces coexistantes dont l'une dévore l'autre – ce qui est le cas, la première espèce étant l'homme, l'autre tous les végétaux suscectibles de fournir une nourriture et dont on suppose les coefficients d'acroissements réduits à une moyenne –, on ne considère ni le territoire occupé, ni la cohésion du groupe. On démontre que les fluctuations des deux espèces sont périodiques. Pour certaine valeur de N et de Q, cependant, l'état est stable et N stationnaire ainsi que Q: il n'est pas besoin de l'envisager ici.

XXXI

Qu'il n'y a pas eu de véritable âge d'or.

Il n'aurait pu y avoir âge d'or véritable, c'est-à-dire de durée indéfinie, que si la végétation avait pu fournir, sur place, une quantité croissante de nourriture; ou encore si l'homme ne s'était pas reproduit.

XXX

Die mathematische Untersuchung der beiden Arten, der fressenden und der gefressenen.

Bei der mathematisch elementarsten Untersuchung (ohne Berücksichtigung von Einflüssen) zweier nebeneinander lebender Arten, von denen die eine die andere frißt – was hier der Fall ist, wobei die eine Art der Mensch ist, die andere alle eßbaren und damit nahrungsliefernden Pflanzen, deren Wachstumskoeffizienten als durchschnittlich angesehen werden darf –, wird weder das besetzte Gebiet noch der Zusammenhalt der Gruppe in Betracht gezogen. Für einen gewissen Wert von A und von N ist der Zustand beständig und A ebenso wie N festgelegt: er braucht hier nicht erörtert zu werden.

XXXI

Daß es kein richtiges goldenes Zeitalter gegeben hat.

Es hätte nur dann ein richtiges goldenes Zeitalter, das heißt, von unbegrenzter Dauer geben können, wenn die Vegetation am Ort selbst eine zunehmende Nahrungsmenge hätte liefern können; oder auch, wenn sich der Mensch nicht fortgepflanzt hätte.

XXXII

De l'enfance.

Chaque homme repasse par cet âge d'or, et c'est l'enfance. Mais on sait que ce n'est pas non plus un véritable âge d'or; il a une fin, car l'homme croît tout comme l'espèce.

XXXIII

Contes, jeux et brimades.

Cassandre prévoit la fin de chaque prospérité. Ainsi l'adulte apprend à l'enfant qu'il cessera un jour d'être un enfant; ce sont les contes de la mère et de la nourrice, les brimades (ou examens) du père ou éducateur, les jeux de l'enfant qui s'éduque lui-même; pour l'adulte, ces activités ont évidemment une signification inverse.

XXXII

Von der Kindheit.

Jeder Mensch geht durch dieses goldene Zeitalter hindurch, es ist die Kindheit. Doch man weiß, daß auch dies kein wirkliches goldenes Zeitalter ist; es hat ein Ende, denn der Mensch wächst genau wie die Gattung.

XXXIII

Märchen, Spiele und Neckereien.

Kassandra sieht das Ende eines jeden Wohlstands voraus. So lehrt auch der Erwachsene das Kind, daß es eines Tages aufhören wird, ein Kind zu sein; es sind die Märchen der Mutter und der Amme, die Neckereien (oder Prüfungen) des Vaters oder Erziehers, die Spiele des Kindes, das sich selbst erzieht; für den Erwachsenen haben diese Handlungen natürlich eine umgekehrte Bedeutung.

XXXIV

Scissiparité ou crise massive.

Dans XXI, on a envisagé un groupe issu d'un couple unique et conservant son état de cohésion jusqu'au moment où la nourriture vient à manquer. C'est l'hypothèse qui sera poursuivie plus loin. Mais on peut supposer que dès que des couples peuvent se former parmi les descendants du couple primitif, ces couples se ségrèguent immédiatement et vont s'installer dans des districts distincts. Si le couple primitif ne donnait naissance qu'à un seul couple, et ainsi de suite, il se formerait un état stable, pouvant s'organiser par exemple par l'occupation cyclique de quatre à six districts. Mais en admettant que chaque couple donne naissance à deux couples, et que chaque district soit d'environ 1 km^2, on calcule qu'en six cents ans environ, une étendue égale à celle de l'Ancien Continent serait occupée, en la supposant de nature uniforme. Le déséquilibre se traduirait alors soit par des luttes immédiates pour l'occupation de districts, soit par la constitution de groupes plus nombreux et l'on arriverait alors aux mêmes solutions que l'on doit envisager dans la première hypothèse (l'âge d'or collectif). Aussi cette hypothèse de la ségrégation continue ne présente-t-elle que peu d'intérêt.

XXXIV

Teilung oder massive Krise.

In XXI haben wir uns mit einer Gruppe befaßt, die aus einem einzigen Paar hervorgegangen ist und sich ihren Zusammenhalt bis zu dem Augenblick bewahrt hat, in dem ein Nahrungsmittelmangel eingetreten ist. Auf diese Hypothese werden wir später noch näher eingehen. Man darf aber annehmen, daß, sobald sich unter den Nachkommen des Urpaares Paare bilden können, diese Paare sich sogleich absondern und in anderen Bezirken niederlassen werden. Würde das Urpaar nur einem einzigen Paar das Leben schenken und so weiter, so würde sich ein dauerhafter Zustand bilden, der zum Beispiel durch die zyklische Besetzung von vier bis sechs Bezirken organisiert werden könnte. Nimmt man aber an, daß jedes Paar zwei Paare zur Welt bringt und daß jeder Bezirk etwa ein Quadratkilometer groß ist, so kann man sich ausrechnen, daß in sechshundert Jahren ungefähr eine Fläche, die der des alten Kontinents entspricht, besetzt wäre, angenommen, diese gesamte Fläche wäre von einheitlicher Beschaffenheit. Der Verlust des Gleichgewichts würde sich dann entweder durch unmittelbare Kämpfe um die Besetzung der Bezirke oder durch die Bildung zahlenmäßig größerer Gruppen äußern und man käme nun zu denselben Lösungen, die man bei der ersten Hypothese (das kollektive goldene Zeitalter) ins Auge fassen muß. Daher ist diese Hypothese der fortgesetzten Absonderung nur von geringem Interesse.

XXXV

Retour à la première hypothèse.

Dans celle-ci, les enfants restent auprès du couple primitif. On suppose qu'il n'y a pas de variations saisonnières, et que la nourriture est obtenue en abondance et sans travail durant toute l'année. Toute cause de mortalité accidentelle est exclue; on y meurt donc »de vieillesse«. On doit admettre enfin que le groupe présente une forte cohérence quelle que soit l'étendue du territoire qu'il peut exploiter.

XXXVI

Fins possibles de l'âge d'or:
a) les âges d'argent.

Il arrive donc un temps où le territoire occupé (et occupable) ne fournit plus la nourriture nécessaire au groupe devenu trop nombreux. Un premier ensemble de solutions se présente, celles qui diffèrent en quelque sorte la fin de l'âge d'or et qui laissent encore quelque espoir de voir continuer l'abondance sans travail. Ce sont la migration (massive et globale, quelques éléments pouvant rester cependant en arrière) vers un nouveau territoire; la scission, dans laquelle un fragment important du groupe se détache; la dissémination (XXXIV), correspondant à une sorte d'éclatement ou d'explosion du groupe et la colonisation, dans laquelle de petits groupes sont expulsés. Il est clair que la première de ces solutions est une pseudo-solution si nous avons donné à l'âge d'or son sens fort, c'est-à-dire si Q est optimum et constant pour le territoire D maximum qu'un groupe primitif puisse ravager sans perdre sa cohésion. La migration n'est valable que si la quantité de nourriture du nouveau territoire est supérieure à celle fournie par l'ancien, par exemple si Q n'était pas optimum ou si Q est optimum à

XXXV

Rückkehr zur ersten Hypothese.

Hier bleiben die Kinder beim Urpaar. Es wird angenommen, daß es keine jahreszeitlich bedingten Veränderungen gibt und daß die Nahrung während des ganzen Jahres im Überfluß und ohne Arbeit erhältlich ist. Jeder Grund für akzidentielle Sterblichkeit ist ausgeschlossen; man stirbt an »Altersschwäche«. Schließlich muß noch angenommen werden, daß die Gruppe einen starken Zusammenhalt zeigt, wie groß auch immer die Fläche des Gebietes sein mag, das sie ausbeuten kann.

XXXVI

Mögliches Ende des goldenen Zeitalters:
a) die silbernen Zeitalter.

Es kommt also eine Zeit, wo das besetzte (und besetzbare) Gebiet nicht mehr die für die allzu zahlreich gewordene Gruppe notwendige Nahrung liefert. Eine erste Summe von Lösungen bietet sich an, und zwar solche, die das Ende des goldenen Zeitalters in gewisser Hinsicht aufschieben und noch einige Hoffnungen lassen, daß der Nahrungsmittelüberfluß auch weiterhin ohne Arbeit möglich sein wird. Es sind dies die (massive und umfassende, wobei einige Elemente jedoch im Hintergrund bleiben mögen) Auswanderung in ein neues Gebiet; die Spaltung, bei der sich ein bedeutender Teil der Gruppe ablöst; die Zerstreuung (XXXIV), die einer Art Sprengung oder Explosion der Gruppe gleichkommt und die Kolonisierung, bei der kleinere Gruppen ausgestoßen werden. Es ist klar, daß die erste dieser Lösungen eine Pseudo-Lösung ist, wenn wir dem goldenen Zeitalter seine volle Bedeutung gegeben haben, das heißt, wenn N Optimum und Konstante für das größtmögliche Gebiet B ist, das eine Urgruppe heimsuchen

l'origine des temps, mais fonction décroissante de N. Mais des ségrégations doivent finalement se produire parce que D est une quantité limitée. Toutes ces solutions, à supposer que la terre soit uniformément favorable, replongent les groupes, après crise, dans un quasi-âge d'or que l'on appelle l'âge d'argent. La différence fondamentale avec l'âge d'or est que l'expérience permet l'apparition de Cassandre. Enfin de quelque façon que ces mouvements de division se produisent, on parvient à la même conclusion que dans XXXIV: l'occupation complète de la surface des continents, chaque pouce de terrain étant supposé favorable.

XXXVII

Fins de l'âge d'or:
b) les solutions déperditives.

Dans ces solutions, N décroît soit brusquement (famine, épidémie), soit lentement (dénatalité, mortalité accrue). Parvenu à un certain minimum, N peut croître de nouveau; on a ainsi une solution cyclique stable (XXX); ou bien s'établir à ce niveau. Dans tous les cas, il n'y a plus d'âge d'or. Une première expérience peut amener les membres du groupe à pratiquer volontairement la dénatalité ou la mortalité apparues tout d'abord »naturellement«. Un pseudo-âge d'or s'établit alors aux dépens des membres du groupe sacrifiés (fœtus, enfants en bas âge, vieillards). Cet état est relativement stable.

kann, ohne ihren Zusammenhalt zu verlieren. Die Auswanderung hat nur dann einen Sinn, wenn die Nahrungsmenge im neuen Gebiet größer ist als die, die das alte geliefert hat, zum Beispiel wenn N kein Optimum wäre oder wenn N am Anfang der Zeiten zwar Optimum ist, aber abnehmende Funktion von A. Schließlich müssen aber doch Absonderungen stattfinden, weil B eine begrenzte Menge ist. Alle diese Lösungen, vorausgesetzt immer, die Erde sei gleichmäßig geeignet, stürzen die Gruppe nach der Krise wieder in ein quasi-goldenes Zeitalter, das man das silberne Zeitalter nennt. Der fundamentale Unterschied zum goldenen Zeitalter ist der, daß die Erfahrung das Auftauchen der Kassandra zuläßt. Doch auf welche Weise sich diese Teilungsbewegungen auch immer vollziehen, man gelangt schließlich zur gleichen Schlußfolgerung wie in XXXIV: zur vollständigen Besetzung der Oberfläche der Kontinente, wobei angenommen wird, daß jeder Daumenbreit Gelände geeignet ist.

XXXVII

Ende des goldenen Zeitalters:
b) die Verlustlösungen.

Bei diesen Lösungen nimmt A entweder plötzlich (Hungersnot, Epidemie) oder langsam (Geburtenrückgang, erhöhte Sterblichkeit) ab. Bei einem bestimmten Minimum angelangt, kann A von neuem zunehmen; so gelangt man zu einer beständigen zyklischen Lösung (XXX); oder A kann bei diesem Stadium stehenbleiben. In allen diesen Fällen gibt es kein goldenes Zeitalter mehr. Eine erste Erfahrung kann die Mitglieder der Gruppe dazu bringen, freiwillig Geburtenrückgang oder Sterblichkeit einzuführen, die zuerst ganz »natürlich« aufgetreten sind. Ein pseudo-goldenes Zeitalter entsteht dann auf Kosten der geopferten Mitglieder der Gruppe (Fötusse, Kleinkinder, Greise). Dieser Zustand ist relativ stabil.

XXXVIII

Fins de l'âge d'or:
c) le travail.

Constatant que la quantité de nourriture que l'on peut obtenir sans effort est limitée, l'homme entreprend de modifier le milieu naturel. C'est la seule possibilité offerte à l'homme en dehors des déchéances du type (b), puisque les solutions du type (a) ne sont que purement dilatoires.

XXXIX

Fins de l'âge d'argent:
la guerre et l'esclavage.

A la fin de XXXVI, l'humanité se trouve dans une situation dont elle ne peut sortir que par des solutions déperditives du type (b), par le travail, ou enfin par la guerre sous ses diverses formes: extermination du groupe voisin pour migrer sur son territoire (ou le coloniser, s'y scinder ou s'y disséminer), expulsion, asservissement enfin, état complexe qui permet au vainqueur de persévérer dans un pseudo-âge d'or en obligeant le vaincu à adopter la solution (c).

XXXVIII

Ende des goldenen Zeitalters:
c) die Arbeit.

Ausgehend von der Feststellung, daß die Nahrungsmenge, die man ohne Anstrengung erhalten kann, begrenzt ist, unternimmt der Mensch den Versuch, das natürliche Milieu zu verändern. Es ist die einzige Möglichkeit, die sich dem Menschen außer den Verfallserscheinungen vom Typ (b) bietet, da die Lösungen vom Typ (a) nur rein dilatorisch sind.

XXXIX

Ende des silbernen Zeitalters:
Krieg und Sklaverei.

Am Ende von Kapitel XXXVI befindet sich die Menschheit in einer Situation, aus der sie nur herausfindet durch Verlustlösungen vom Typ (b), durch Arbeit oder schließlich durch den Krieg in seinen verschiedenen Formen: Ausrottung der Nachbargruppe, um in ihr Gebiet einzudringen (oder sie zu kolonisieren, in ihr aufzugehen oder sich hier zu verbreiten), Vertreibung und schließlich Unterwerfung, ein komplexer Zustand, der es dem Sieger erlaubt, weiterhin an einem pseudo-goldenen Zeitalter festzuhalten, indem er den Besiegten zwingt, die Lösung (c) anzunehmen.

XL

Quatrième éventualité: catastrophes naturelles.

Enfin tout état, stable ou non, peut être modifié par une intervention étrangère d'ordre naturel, de régime brusque ou lent: éruptions volcaniques, tremblements de terre, assèchement d'une région, inondations, etc. Ce peut être également la variabilité de Q (»bonnes« ou »mauvaises« années). Dans toutes ces hypothèses, il y a modification du milieu. On cherchera si ces modifications sont dues au »hasard«, ou si elles sont de nature périodique.

XLI

Variations de Q et de N.

Pour éviter les solutions violentes (famines, guerres, etc.), il faut que Q croisse plus rapidement que Q (N), ce qui semble possible grâce au travail et aux inventions. Mais la limitation du territoire habitable qui met fin aux âges d'argent, se présente aussi comme point critique des âges de fer. En dehors des migrations interplanétaires ou d'une subteranéification d'une partie au moins de l'espèce humaine, Cassandre ne peut voir d'autre solution que le contrôle de N. L'effort de l'homme consisterait donc à faire croître ce qui a tendance à décroître (la quantité de nourriture) et à faire décroître (stabiliser) ce qui a tendance à croître (le taux d'accroissement de la population). Son activité est donc éminemment antinaturelle.

XL

Vierte Eventualität:
Naturkatastrophen.

Schließlich kann jeder Zustand, ob stabil oder nicht, durch Fremdeinwirkung natürlicher Art plötzlich oder langsam geändert werden: Vulkanausbrüche, Erdbeben, Trockenheit eines Gebietes, Überschwemmungen usw. Es kann auch die Veränderlichkeit von N sein (»gute« und »schlechte« Jahre). Bei allen diesen Lösungen liegt eine Modifikation des Milieus vor. Wir werden untersuchen, ob diese Modifikationen auf den »Zufall« zurückzuführen oder ob sie periodischer Natur sind.

XLI

Variationen von N und A.

Um die Gewaltlösungen (Hungersnöte, Kriege usw.) zu vermeiden, muß N schneller wachsen als N (A), was dank der Arbeit und der Erfindungen möglich erscheint. Aber die Begrenztheit des bewohnbaren Gebiets, die den silbernen Zeitaltern ein Ende setzt, erweist sich auch für die eisernen Zeitalter als kritischer Punkt. Außer interplanetarer Völkerwanderungen oder einer Subterranifikation zumindest eines Teils der menschlichen Gattung sieht Kassandra keine andere Lösung als die Kontrolle von A. Der Mensch müßte also dafür sorgen, das zunehmen zu lassen, was abnehmen will (die Nahrungsmenge) und das abnehmen zu lassen, was zunehmen will (die Bevölkerung). Sein Tun ist also im höchsten Grade gegen die Natur gerichtet.

XLII

Solutions complexes propres à l'âge de fer.

Ce sont: la colonisation au sens moderne (forme souple de l'esclavage) et l'émigration (dissémination sur un territoire déjà occupé, mais pour lequel Q (N) est sensiblement plus petit que Q).

XLIII

Les éléments fondamentaux de l'histoire.

Ainsi sont déterminés les éléments fondamentaux de l'histoire. Ce sont les réactions primitives de l'homme au problème alimentation-reproduction, c'est-à-dire au destin de son espèce. Ce sont toutes (même le travail et l'esclavage) des comportements connus des autres animaux. C'est seulement dans son effort complexe de diriger la quantité de nourriture aussi bien que le nombre de ses semblables, sans gaspillage de matière vivante, que l'homme se différencie des animaux et travaille au rebours de la nature, comme peut-être aussi certaines sociétés animales (fourmis par exemple). A l'exception de celles-ci (peut-être), la nature ne connaît pas le travail, non plus que l'épargne de vie. D'ailleurs c'est la solution contraire que parfois l'homme préfère; au lieu de surveiller le rapport d'accroissement de son groupe à celui de la nourriture, l'homme le limite périodiquement par des massacres, des guerres, etc. ou accepte des famines, etc. au même titre que les éventualités XL. On a cherché d'ailleurs à établir des corrélations entre les deux, et à observer leur périodicité.

XLII

Komplexe Lösungen, die dem eisernen Zeitalter entsprechen.

Es sind dies: die Kolonisierung im modernen Sinn (die flexible Form der Sklaverei) und die Auswanderung (Verbreitung über ein schon besetztes Gebiet, für das aber N (A) fühlbar kleiner ist als N).

XLIII

Die fundamentalen Elemente der Geschichte.

So werden die fundamentalen Elemente der Geschichte bestimmt. Es sind die ursprünglichen Reaktionen des Menschen auf das Nahrungs-Fortpflanzungsproblem, das heißt, auf das Schicksal seiner Gattung. Sie alle (selbst die Arbeit und die Sklaverei) sind Verhaltensweisen, die auch die anderen Tiere kennen. Nur in seinem vielschichtigen Bemühen, sowohl die Nahrungsmenge als auch die Anzahl von Seinesgleichen ohne Vergeudung von lebendem Material zu lenken, unterscheidet sich der Mensch von den Tieren und arbeitet damit gegen gegen die Natur, wie vielleicht auch manche Tiergesellschaften (Ameisen zum Beispiel). Mit Ausnahme dieser wenigen Tiergesellschaften (vielleicht) kennt die Natur sowenig die Arbeit wie das Verschonen von Leben. Übrigens zieht der Mensch bisweilen auch die entgegengesetzte Lösung vor; anstatt das Verhältnis des Wachstums seiner Gruppe zu dem der Nahrung zu überwachen, begrenzt der Mensch dieses Verhältnis periodisch durch Massaker, Kriege usw. oder nimmt Hungersnöte usw. in der gleichen Weise hin wie die Eventualitäten von XL. Man hat übrigens Wechselbeziehungen zwischen beiden herzustellen und ihre Periodizität zu beobachten versucht.

XLIV

Des différentes solutions.

Différentes solutions au problème fondamental de l'histoire ont été dégagées par l'analyse d'un modèle simplifié. Elles peuvent être simultanément adoptées par un groupe (quelques-unes d'entre elles), ou successivement. En laissant de côté la question de savoir quelle fut la solution adoptée par le groupe primitif, on peut se proposer de résoudre le problème suivant: pourquoi un groupe adopte-t-il une solution de préférence à telle autre?

XLV

Principe de l'adoption de la solution la plus voisine de l'état optimum.

Nous admettrons cette hypothèse: que tout groupe cherche à se maintenir dans l'état dans lequel il se trouvait précédemment.

XLIV

Von den verschiedenen Lösungen.

Verschiedene Lösungen des fundamentalen Problems der Geschichte sind durch die Analyse eines vereinfachten Modells entwickelt worden. Sie können (einige von ihnen) von einer Gruppe gleichzeitig oder sukzessive angenommen werden. Läßt man die Frage einmal außer acht, welches die von der Urgruppe angenommene Lösung war, so kann man sich vornehmen, das folgende Problem zu lösen: warum zieht eine Gruppe eine bestimmte Lösung einer anderen vor?

XLV

Prinzip der Annahme der dem optimalen Zustand am nächsten liegenden Lösung.

Wir wollen dabei die folgende Hypothese gelten lassen: daß jede Gruppe versucht, sich in dem Zustand zu halten, in dem sie sich zuvor befand.

XLVI

Histoire du groupe primitif.

La première solution adoptée par le groupe primitif sera dans ce cas la migration, solution illusoire. Le groupe en croissance continue (même en admettant qu'il laisse derrière lui quelques éléments) ne peut s'installer sur aucun territoire s'il veut conserver sa cohésion; il doit, après un certain nombre d'expériences, non pas adopter le nomadisme massif (contraire au principe XLV et qui dans ce cas ne saurait aboutir qu'à une catastrophe dans le genre de celles auxquelles aboutissent les migrations du lemming ou de l'écureuil), ni la dissémination également contraire au principe XLV, mais bien la scission ou la ségrégation. Il se formera donc n groupes occupant n territoires différents.

XLVII

Pourquoi pas à ce stade les solutions déperditives?

En fait, avant de se résoudre à migrer, le groupe passera par un état sinon de famine, au moins de privation – avec, possiblement, une natalité réduite et une mortalité accrue. Mais on ne peut admettre à ce stade les solutions déperditives volontaires, non compatibles (pas plus que le travail) avec l'insouciance de cet âge, non plus qu'avec la solution cyclique stable (XXX) dans laquelle il faut bien noter que l'on considère des espèces, par conséquent l'espèce végétale dans son ensemble, et non celle qui couvre un territoire déterminé.

XLVI

Geschichte der Urgruppe.

Die erste von der Urgruppe angenommene Lösung wird in diesem Fall die Auswanderung sein, eine illusorische Lösung. Die kontinuierlich wachsende Gruppe (selbst wenn man annimmt, daß sie einige Individuen zurückläßt) kann sich, wenn sie ihren Zusammenhalt bewahren will, auf keinem Gebiet niederlassen; sie muß sich, nach einer gewissen Anzahl von Erfahrungen, zwar nicht für das massive Nomadentum entscheiden (das dem Prinzip XLV entgegensteht und in diesem Falle nur in einer Katastrophe der Art enden könnte, in der auch die Wanderungen der Lemminge und der Eichhörnchen enden), auch nicht für die ebenfalls dem Prinzip XLV entgegenstehende Verbreitung, wohl aber für die Spaltung oder die Absonderung. Es werden sich also n Gruppen bilden, die n verschiedene Gebiete besetzen.

XLVII

Warum in diesem Stadium nicht die Verlustlösungen?

Tatsächlich wird die Gruppe, bevor sie sich dazu entschließt, auszuwandern, einen Zustand, wenn auch nicht der Hungersnot, so doch zumindest der Entbehrung durchmachen – mit möglicherweise herabgesetzter Geburtenrate und erhöhter Sterblichkeit. Man kann aber in diesem Stadium nicht annehmen, daß die Verlustlösungen freiwillig sind, da sie (sowenig wie die Arbeit) nicht mit der Sorglosigkeit dieses Zeitalters vereinbar sind, so wenig wie mit der stabilen zyklischen Lösung (XXX), bei der allerdings vermerkt werden muß, daß Gattungen in Betracht gezogen werden, folglich die Pflanzengattung in ihrer Gesamtheit und nicht die, die ein bestimmtes Gebiet bedeckt.

XLVIII

Coefficients de cohésion et de vitalité.

La solution cyclique lente stable ne peut exister que si le groupe admet que l'espèce végétale se réduit à celle qui existe sur son territoire; le cas se présenterait naturellement pour le groupe primitif s'il avait habité une île. Un groupe ne se résoudra (»inconsciemment«) à cette solution qui si on lui attribue un coefficient de vitalité négatif (on admet que son coefficient d'accroissement serait positif si la nourriture lui était fournie en abondance d'une façon indéfinie). On ne peut donc affecter au groupe primitif un tel coefficient négatif, par hypothèse. De même on est obligé de lui attribuer un coefficient de cohésion positif, afin d'éviter la solution de la ségrégation continue (XXXIV).

XLIX

La notion de territoire occupé.

Il faut bien remarquer que c'est ici une notion discontinue, on doit supposer le groupe au centre d'un district dont il tire (sans travail) sa subsistance (ce territoire est une constante). Il n'est pas possible d'imaginer à ce stade de forme plus complexe de société.

XLVIII

Koeffizienten des Zusammenhalts und der Vitalität.

Die langsame, stabile, zyklische Lösung ist nur dann möglich, wenn die Gruppe sich damit abfindet, daß die Pflanzengattung sich auf die beschränkt, die es auf ihrem Gebiet gibt; dieser Fall ergäbe sich natürlich für die Urgruppe, wenn sie eine Insel bewohnt hätte. Eine Gruppe wird sich (»unbewußt«) nur dann zu dieser Lösung entschließen, wenn man ihr einen negativen Vitalitätskoeffizienten zuschreibt (man geht davon aus, daß ihr Wachstumskoeffizient positiv wäre, wenn ihr auf näher bestimmte Weise ausreichend Nahrung geliefert werden würde). Man kann also, rein hypothetisch, der Urgruppe einen solchen negativen Koeffizienten zuordnen. Ebenso muß man ihr einen positiven Zusammenhaltskoeffizienten zugestehen, um die Lösung der kontinuierlichen Absonderung (XXXIV) auszuschließen.

XLIX

Der Begriff besetztes Gebiet.

Es muß darauf hingewiesen werden, daß es sich hier um einen diskontinuierlichen Begriff handelt, wobei wir annehmen wollen, daß sich die Gruppe im Mittelpunkt eines Bezirks befindet, aus dem sie (ohne Arbeit) ihren Lebensunterhalt zieht (dieses Gebiet ist eine Konstante). Es ist unmöglich, sich in diesem Stadium eine komplexere Gesellschaftsform vorzustellen.

L

Calcul des coefficients.

On pourra se servir, pour apprécier la »vitalité«, de symptômes tels que (à ce stade) la périodicité des crises, et le nombre des groupes descendants. Une vitalité négative, se traduira (à ce stade) plus par une mortalité infantile élevée que par la dénatalité. La »cohésion« se traduira par le rapport existant entre la dimension de chaque groupe descendant et celle du groupe primitif; également par le fait: si le groupe primitif subsiste après émission des groupes descendants. Ces coefficients pourront être des fonctions (non constantes).

L

Errechnung der Koeffizienten.

Man kann sich, um die »Vitalität« abzuschätzen, bestimmter Symptome bedienen, wie etwa (in diesem Stadium) der Periodizität der Krisen und der Zahl der nachfolgenden Gruppen. Eine negative Vitalität würde sich (in diesem Stadium) eher durch eine erhöhte Kindersterblichkeit als durch einen Geburtenrückgang äußern. Der »Zusammenhalt« würde sich durch das bestehende Verhältnis zwischen der Größe einer jeden nachfolgenden Gruppe und der der Urgruppe äußern; ferner durch die Tatsache: ob die Urgruppe nach Ausstoßung nachfolgender Gruppen fortbesteht. Diese Koeffizienten können (nicht konstante) Funktionen sein.

LI

Suite de l'histoire du groupe primitif.

Le nombre des possibilités augmente. Si l'on admet que les coefficients de vitalité et de cohésion du groupe primitif G et des groupes descendants g(1), g(2)... g(n) demeurent très élevés, il y aura probabilité pour que les districts D (G), D (g(1)), D (g(2)), ... D (g(n)) seront non seulement voisins, mais contigus. S'ils peuvent effectuer leurs migrations d'une façon libre, ainsi que leurs scissions, l'âge d'argent se poursuivra; il pourra même être légitimement supposé que le groupe G, de nouveau réduit après scissions de groupes g'(1), g'(2), ... g'(n), retournera sur son domaine primitif, en vertu du principe XLV. Mais si un groupe (G ou un g(i)) est entouré de toutes parts par des groupes qui émettent sans migration préalable (ce qui est fonction d'un coefficient mémoire) et demeurent sur leur domaine après émission, il sera réduit aux solutions suivantes: 1° une des solutions déperditives (XXXVII); par exemple s'il s'agit de G, son coefficient de vitalité sera moins élevé que celui des g (i) qui l'entourent, et sa cohésion pourra devenir sclérose; 2° une guerre d'extermination ou d'expulsion; 3° une entente qui permet le passage à travers le territoire occupé (mais est-ce admissible à ce stade? cela suppose au moins l'existence du langage). La solution travail est toujours exclue.

LI

Fortsetzung der Geschichte der Urgruppe.

Die Anzahl der Möglichkeiten steigt. Wenn man davon ausgeht, daß die Koeffizienten der Vitalität und des Zusammenhalts zwischen der Urgruppe G und den nachfolgenden Gruppen g (1), g (2)... g (n) sehr hoch bleiben, besteht die Wahrscheinlichkeit, daß die Bezirke B (G), B (g(1)), B (g(2))... B (g(n)) nicht nur benachbart sind, sondern aneinandergrenzen werden. Erfolgen ihre Wanderungen sowic ihrc Spaltungen völlig frei, wird das silberne Zeitalter fortdauern; es darf sogar legitimerweise angenommen werden, daß die Gruppe G, nachdem sie durch Spaltungen der Gruppen g' (1), g' (2)... g' (n) auf Grund des Prinzips XLV von neuem zusammengeschrumpft ist, zu ihrer Ursprungsdomäne zurückkehrt. Wenn aber eine Gruppe (G oder eine g (i)) von allen Seiten von Gruppen umgeben ist, die ohne vorherige Wanderung (was wiederum von einem bestimmten Gedächtniskoeffizienten abhängt) Untergruppen ausschicken und danach weiterhin auf ihrem Gebiet bleiben, wird sie zu folgenden Lösungen gezwungen sein: 1. zu einer der Verlustlösungen (XXXVII); zum Beispiel, wenn es sich um G handelt, wird ihr Vitalitätskoeffizient nicht so hoch sein wie der von g (i), die sie umgeben und ihr Zusammenhalt kann zur Verkalkung führen; 2. ein Ausrottungs- oder Vertreibungskrieg; 3. eine Verständigung, die den Durchgang durch das besetzte Gebiet erlaubt (kann das aber in diesem Stadium schon angenommen werden? das setzt doch zumindest die Existenz der Sprache voraus). Die Lösung Arbeit ist immer noch ausgeschlossen.

LII

Rappel d'une convention.

On admet que tous les districts sont de valeur égale et optima, et uniformément répartis.

LIII

Décalage des temps de crise.

Dans LI, il est implicitement supposé que tous les groupes parviennent ensemble à leur temps de crise, ce qui suppose ou bien que tous les groupes sont égaux et de croissance parallèle, ou bien qu'étant inégaux les moins favorisés rattrapent leur retard par un coefficient d'accroissement plus élevé. Mais il est plus simple de penser que les groupes parviendront à leur temps de crise à des dates différentes. Si l'on poursuit l'hypothèse du groupe G entouré, s'il atteint son temps de crise avant les g (i), on pensera légitimement à une solution violente et à l'expulsion des g (i); si au contraire les g (i) atteignent avant lui leur temps de crise, le groupe G tendra à la stagnation ou disparaîtra. Si la solution travail est admise, il y aura dans l'un et l'autre cas, en sens inverses, solution possible d'asservissement.

LII

Erinnerung an eine Übereinkunft.

Es wird davon ausgegangen, daß alle Bezirke von gleichem optimalem Wert und gleichmäßig aufgeteilt sind.

LIII

Verschiebung der Krisenzeiten.

In Kapitel LI wird unausgesprochen davon ausgegangen, daß alle Gruppen gemeinsam bei ihrer Krisenzeit anlangen, was voraussetzt, daß entweder alle Gruppen gleich sind und von parallelem Wachstum oder daß, obwohl ungleich, die weniger Begünstigten ihre Verspätung durch einen höheren Zuwachskoeffizienten wettmachen. Es ist allerdings einfacher sich vorzustellen, daß die Gruppen zu verschiedenen Zeitpunkten bei ihrer Krisenzeit anlangen. Wenn man die Hypothese von der umringten Gruppe G weiter verfolgt, so darf man, wenn sie ihre Krisenzeit vor den g (i) erreicht, legitimerweise an eine gewalttätige Lösung und an die Vertreibung der g (i) denken; wenn hingegen die g (i) ihre Krisenzeit vor ihr erreichen, wird die Gruppe G zur Stagnation neigen oder verschwinden. Geht man von der Lösung Arbeit aus, so ist umgekehrt im einen wie im anderen Falle eine Unterjochungslösung möglich.

LIV

Facteurs géographiques.

Si dans la variété complexe envisagée dans LIII, on élimine la convention LII, on introduira tous les facteurs d'ordre géographique et climatique. Q sera alors variable et avec le lieu et avec le temps; ce n'est plus une quantité discrète. Le temps de crise peut survenir pour des raisons saisonnières. Il faut alors admettre en plus la possibilité d'éventualités catastrophiques (XL).

LV

Autre convention implicite, d'ordre démographique.

Dans les modèles historiques ci-dessus, il a été également supposé qu'il n'y a aucun trouble dans la forme de l'accroissement; et notamment qu'il y a pour chaque mâle un nombre suffisant de femelles. Ce qui implique aussi que, dans chaque scission, la répartition des deux sexes soit satisfaisante.

LIV

Geographische Faktoren.

Wenn man bei der in LIII in Betracht gezogenen komplexen Spielart die Übereinkunft LII ausschaltet, führt man damit alle geographisch und klimatisch bedingten Faktoren ein. N ist also sowohl mit dem Ort als auch mit der Zeit veränderlich; es ist keine beliebige Nahrungsmenge mehr. Die Krise kann aus jahreszeitlich bedingten Gründen eintreten. Darüber hinaus muß dann noch die Möglichkeit von Katastropheneventualitäten in Erwägung gezogen werden. (XL).

LV

Eine andere demographisch bedingte stillschweigende Übereinkunft.

In den weiter oben beschriebenen historischen Modellen ist auch vorausgesetzt worden, daß es keine Störung in der Form des Wachstums gibt; vor allem aber, daß es für jeden Mann eine genügende Anzahl von Frauen gibt. Was wiederum einschließt, daß bei jeder Spaltung die Aufteilung der beiden Geschlechter zufriedenstellend ist.

LVI

L'enlèvement des Sabines.

Si un groupe pour solution adopte l'exclusion d'un groupe de mâles, celui-ci est naturellement voué à la disparition, ou à la guerre. Cependant, on peut se demander si ce n'est pas plus pour obtenir des esclaves travaillant pour eux que ce groupe pratiquera l'enlèvement des femmes (et cela suppose une époque où le travail est connu) que pour satisfaire des désirs sexuels qui peuvent être soulagés par l'homosexualité.

LVII

L'amour et l'histoire.

Le désir sexuel ne joue donc aucun rôle (perturbateur ou stabilisateur) dans les modèles historiques envisagés. Une première analyse de l'histoire universelle montre d'ailleurs qu'il en est de même pour ce qu'il est convenu habituellement d'appeler histoire, sinon d'une façon purement anecdotique. On peut même dire que les récits vrais traitent de la faim, et les récits imaginaires de l'amour.

LVI

Der Raub der Sabinerinnen.

Wählt eine Gruppe als Lösung den Ausschluß einer Gruppe von Männern, so ist diese natürlich zum Aussterben oder zum Krieg verurteilt. Dennoch darf man sich die Frage stellen, ob diese Gruppe den Frauenraub nicht eher ausführt, um Sklaven zu bekommen, die für sie arbeiten (und das setzt eine Epoche voraus, in der die Arbeit bekannt ist), als um sexuelle Begierden zu befriedigen, die durch Homosexualität befriedigt werden können.

LVII

Liebe und Geschichte.

Die sexuelle Begierde spielt also bei den ins Auge gefaßten historischen Modellen keine (störende oder stabilisierende) Rolle. Eine erste Analyse der Weltgeschichte zeigt übrigens, daß dies auch für das gilt, was man gemeinhin, wenn man vom rein Anekdotischen absieht, Geschichte zu nennen übereingekommen ist. Man kann sogar sagen, daß die wahren Erzählungen vom Hunger und die fiktiven Erzählungen von der Liebe handeln.

LVIII

Graphique d'évolution normale d'un groupe.

On admettra que le développement normal d'un groupe est le suivant:

a) période de croissance euphorique;
b) malaise et recherche d'une solution;
c) adoption d'un état stable;
d) oubli du malaise et nouvelle période euphorique aventureuse;
e) crise;
f) adoption d'un état stable stagnant.

L'émission périodique de groupes secondaires est ici considérée comme un état stable.

LVIII

Graphik der normalen Evolution einer Gruppe.

Es wird angenommen, daß die normale Entwicklung einer Gruppe die folgende ist:

a) Periode euphorischer Zunahme;

b) Unbehagen und Suche nach einer Lösung;

c) Wahl eines beständigen Zustandes;

d) Vergessen des Unbehagens und neue euphorische, abenteuerliche Periode;

e) Krise;

f) Wahl eines stabilen stagnierenden Zustandes.

Das periodische Ausschwärmen von Sekundärgruppen wird als stabiler Zustand angesehen.

LIX

Formes primitives du travail.

Avec l'apparition du travail, la quantité de nourriture fournie par un district limité, devient une fonction croissante par paliers. Chaque invention élève la limite vers laquelle cette fonction tendait; elle donne une nouvelle impulsion à la vitalité du groupe. La première forme de travail consiste à remarquer la différence existant entre la quantité de nourriture fournie par le district et la quantité de nourriture réellement consommée, c'est-à-dire à stocker – dans la mesure du possible – la quantité positive Q – Q (N). La seconde consiste à adjoindre aux ressources du monde végétal, source unique de Q, celles du monde animal, c'est-à-dire à pratiquer les ressources de la chasse et de la pêche. De la première résulte l'utilisation des abris et l'invention de contenants en plus d'un certain nombre de procédés et d'outils (pilon, mortier, céramique notamment); de la seconde, l'invention des armes (possibilité ultérieure d'expéditions guerrières) et diverses techniques (peaux, navigation) (LXXXII).

LIX

Urformen der Arbeit.

Mit dem Aufkommen der Arbeit wird die von einem begrenzten Bezirk gelieferte Nahrungsmenge zu einer stufenweise zunehmenden Aufgabe. Jede Erfindung verschiebt die Grenze, der diese Aufgabe zustrebte, nach oben; sie gibt der Vitalität der Gruppe einen neuen Impuls. Die erste Arbeitsform besteht darin, den Unterschied zwischen der vom Bezirk gelieferten Nahrungsmenge und der wirklich verbrauchten Nahrungsmenge festzustellen, das heißt – im Rahmen des Möglichen – die positive Nahrungsmenge N – N (A) zu lagern. Die zweite besteht darin, zu den Ressourcen der Pflanzenwelt, einziges Reservoir für N, die der Tierwelt hinzuzufügen, das heißt, sich auf die Jagd und den Fischfang zu verlegen. Aus der ersten resultiert die Benutzung von Lagerräumen und die Erfindung von Behältern sowie einer gewissen Anzahl von Verfahren und Werkzeugen (Stößel, Mörser, Keramik hauptsächlich); aus der zweiten die Erfindung der Waffen (spätere Möglichkeiten zu Kriegszügen) und verschiedener Techniken (Felle, Navigation) (LXXXII).

LX

Le stade de l'exploitation.

Une forme plus développée du travail consiste à chercher à faire de Q quantité constante une fonction variable croissante: c'est l'exploitation (agriculture et élevage). Avec l'existence de transports et un coefficient de cohésion positif, le groupe peut maintenant occuper un district plus étendu, et même s'étendre sur un vaste territoire tout en conservant son unité et son identité. Ainsi, D cesse d'être une constante (LII) et devient une fonction croissante.

LX

Das Stadium des Ackerbaus.

Eine entwickeltere Form der Arbeit besteht in dem Versuch, aus N konstante Nahrungsmenge eine veränderliche zunehmende Funktion zu machen: das ist der Ackerbau (Feldbestellung und Viehzucht). Mit dem Vorhandensein von Transporten und einem positiven Zusammengehörigkeitskoeffizienten kann die Gruppe jetzt einen flächenmäßig größeren Bezirk bewohnen, sich sogar auf einem riesigen Gebiet ausdehnen und dabei doch ihre Einheit und ihre Identität bewahren. So hört B auf, eine Konstante (LII) zu sein und wird zu einer zunehmenden Funktion.

LXI

L'exploitation de l'homme.

Jusqu'ici il a été implicitement admis que la quantité de nourriture consommée par chaque membre du groupe était uniforme et invariable (de plus optimum). Ce n'est qu'à un stade assez complexe que l'homme conçoit du problème de l'équilibre population-nourriture la solution qui consiste à diminuer cette ration. Il serait contraire au principe XLV de supposer qu'un groupe adoptât globalement cette solution; elle peut lui être imposée en période de malaise, mais il ne la peut concevoir comme état stable. Au contraire, dès qu'il y a connaissance de la guerre et du travail, et par conséquent de l'esclavage, il peut y avoir obligation pour un groupe asservi d'adopter cette solution. Sur le modèle de cet équilibre, certains membres d'un groupe peuvent enfin l'imposer à l'intérieur du groupe, sans qu'il y ait pour cela esclavage; il suffit d'inventer la notion de valeur.

LXII

Multiplicité des solutions adoptées.

Un groupe peut adopter simultanément plusieurs solutions: émettre des groupes secondaires, asservir d'autres groupes, distinguer en soi-même des classes de consommateurs, pratiquer des sacrifices humains périodiques, etc.

LXI

Die Ausbeutung des Menschen.

Bisher sind wir unausgesprochen davon ausgegangen, daß die von jedem Mitglied der Gruppe verzehrte Nahrungsmenge gleichartig und unveränderlich (sowie optimal) gewesen ist. Erst in einem ziemlich komplexen Stadium begreift der Mensch, daß die Lösung des Gleichgewichtsproblems Bevölkerung – Nahrung darin besteht, diese Ration zu verringern. Es würde dem Prinzip XLV widersprechen, wollte man annehmen, daß eine Gruppe diese Lösung in Bausch und Bogen akzeptiert; sie kann ihr in Notzeiten aufgezwungen werden, aber sie kann sie nicht als einen dauerhaften Zustand ansehen. Hingegen kann, sobald es Kenntnis vom Krieg und von der Arbeit und damit auch von der Sklaverei gibt, eine unterworfene Gruppe gezwungen werden, diese Lösung anzunehmen. Nach dem Modell dieses Gleichgewichts können manche Mitglieder einer Gruppe diese Lösung schließlich innerhalb der Gruppe anderen aufzwingen, ohne daß es damit schon gleich zur Sklaverei kommt; es genügt, den Begriff Wert zu erfinden.

LXII

Vielheit der angenommenen Lösungen.

Eine Gruppe kann gleichzeitig mehrere Lösungen annehmen: Sekundärgruppen aussenden, andere Gruppen unterwerfen, innerhalb ihrer selbst verschiedene Verbraucherklassen unterscheiden, periodisch Menschenopfer bringen usw.

LXIII

Extension du domaine d'un groupe.

Le domaine peut être agrandi au détriment d'autres groupes expulsés, asservis ou alliés dans une forme d'exploitation qu'ils ignoraient. Les territoires, sur lesquels le groupe s'étend peuvent aussi être vierges. Enfin, par exemple pour l'exploitation en commun d'une invention, il peut se former des confédérations ou groupes à plusieurs pôles ou centres.

LXIII

Ausdehnung des Gebiets einer Gruppe.

Das Gebiet kann auf Kosten anderer, ausgestoßener, unterworfener oder in einer ihnen selbst nicht bewußten Ausbeutungsform verbündeter Gruppen vergrößert werden. Die Gebiete, über die sich die Gruppe erstreckt, können auch noch unberührt sein. Schließlich können sich zur gemeinsamen Ausnützung einer Erfindung lose Verbände oder Gruppen mit mehreren Polen oder Zentren bilden.

LXIV

Résumé des différentes solutions.

Soit Q la quantité de nourriture fournie par unité de temps par le district D, N le nombre de membres du groupe G vivant sur le district D au temps t, q (i) la quantité de nourriture consommée par l'individu i par unité de temps, q' la quantité de nourriture optimum et maximum par individu, 'q la quantité minimum (on suppose les individus égaux). *N* est tel que *N*'q = Q.
On commence par supposer Q constant, ainsi que q. Il y a crise lorsque N = *N*. Suivant une loi bien connue, N est fonction exponentielle de t. Une solution du problème consiste à faire de N une fontion périodique de t de large amplitude (émissions, scissions, etc.) ou à petites fluctuations autour d'une constante (solutions déperditives) ou une constante (id).
Le travail consiste à faire de Q une fonction croissante; ce qui permet ultérieurement de faire de D également une fonction croissante. Enfin dans un autre stade c'est la quantité q elle-même qui devient une variable ayant pour limite supérieure q' et pour limite inférieure 'q.
Tenir compte enfin des conditions géographiques, c'est faire de Q une fonction qui peut être nulle (déserts) ou périodique (phénomènes saisonniers.)

LXIV

Zusammenfassung der verschiedenen Lösungen.

Es sei N die pro Zeiteinheit von dem Bezirk B gelieferte Nahrungsmenge, A die Anzahl der Mitglieder der Gruppe G, die zur Zeit z im Bezirk B lebt, n (i) die pro Individuum i pro Zeiteinheit verzehrte Nahrungsmenge, n’ die optimale und maximale Nahrungsmenge pro Individuum, ’n die Mindestnahrungsmenge (wobei die Individuen als gleich angenommen werden). $\underline{A}$ ist also so viel wie $\underline{A}$’n = N.
Zunächst einmal gehen wir davon aus, daß N ebenso wie n konstant ist. Es kommt zu einer Krise, sobald A = $\underline{A}$. Nach einem bekannten Gesetz ist A Exponentialfunktion von z. Eine Lösung des Problems besteht darin, aus A eine weitgefaßte periodische Funktion von z (Ausschwärmen, Spaltungen usw.) oder eine Funktion mit kleinen Fluktuationen um eine Konstante (Verlustlösungen) oder eine Konstante (id.) zu machen.
Die Arbeit besteht darin, aus N eine zunehmende Funktion zu machen; was später ermöglicht, aus B ebenfalls eine zunehmende Funktion zu machen. In einem anderen Stadium schließlich ist es die Nahrungsmenge n selber, die zu einer Variablen wird, deren obere Grenze n’ und deren untere Grenze ’n ist.
Die geographischen Bedingungen zu beachten, heißt schließlich, aus N eine Funktion zu machen, die Null (Wüste) oder periodisch (jahreszeitliche Phänomene) sein kann.

LXV

Coefficients.

Dans la théorie mathématique de la lutte pour la vie, une espèce est caractérisée par son coefficient d'accroissement et son coefficient de voracité. Pour un groupe donné, on peut, outre son coefficient de cohésion et son coefficient de vitalité, envisager un coefficient de prévision et un coefficient d'inventivité.

LXV

Koeffizienten.

In der mathematischen Theorie des Kampfs ums Dasein wird eine Gattung durch ihren Wachstumskoeffizienten und ihren Gefräßigkeitskoeffizienten charakterisiert. Für eine gegebene Gruppe kann man außer ihrem Zusammenhaltskoeffizienten und ihrem Vitalitätskoeffizienten noch einen Vorausschaukoeffizienten und einen Erfindungskoeffizienten in Betracht ziehen.

LXVI

Mémoire et horizon.

L'expérience dépend de la mémoire. On peut se demander pour un groupe donné, quelle peut être l'étendue de sa prévision, et le rôle qu'elle peut jouer dans les décisions qu'il prendra; autrement dit, rechercher son horizon. En supposant que le groupe primitif ait fortement souffert de la première crise, terminée par l'émission de groupes secondaires par exemple, on peut se demander à partir de quelle époque chacun de ces groupes prendra des mesures pour remédier à la famine qui le menace, ou s'ils repasseront par cette épreuve. D'après le comportement de chaque groupe, on calculera son coefficient de prévision. On peut se demander aussi à partir de quel moment un danger prévu commence à influencer les décisions du groupe; ainsi, s'il est prévu qu'avec tel taux d'accroissement, la crise se produira dans X temps, et si cet X est suffisamment élevé, la connaissance de cet X joue-t-elle un rôle dans la conduite du groupe? C'est là son horizon. Ne peut-on pas penser que l'horizon d'un groupe est limité au siècle, de même que sa mémoire: hypothèse qui sera examinée plus loin. Dans ce cas le coefficient ne varierait que dans les limites d'un siècle. Si donc un groupe a une périodicité de crise supérieure au siècle, sans autre intervention extérieure, ce rythme se maintiendra. Si la période est inférieure, mémoire et prévision joueront, d'où recherche d'une solution qui sera primitivement le stockage, d'où le travail.

LXVI

Gedächtnis und Horizont.

Die Erfahrung hängt vom Gedächtnis ab. Man kann sich bei einer gegebenen Gruppe fragen, wie groß ihre Vorausschau sein mag und welche Rolle diese bei ihren Entschlüssen spielen mag; mit anderen Worten, man sucht ihren Horizont zu erfassen. Geht man davon aus, daß die Urgruppe stark unter der ersten Krise gelitten hat, die zum Beispiel durch das Ausscheiden von Sekundärgruppen beendet wurde, darf man sich fragen, von welchem Zeitpunkt an jede dieser Gruppen Maßnahmen ergreifen wird, um der sie bedrohenden Hungersnot entgegenzuwirken oder ob sie diese Prüfung noch einmal durchmachen werden. Nach dem Verhalten einer jeden Gruppe wird ihr Vorausschaukoeffizient berechnet. Man darf sich auch fragen, von welchem Augenblick an eine vorhergesehene Gefahr anfängt, die Entschlüsse der Gruppe zu beeinflussen; so etwa, ob man voraussieht, daß bei einer bestimmten Zuwachsrate die Krise in X Zeit eintreten wird und ob, wenn dieses X groß genug ist, das Wissen um dieses X eine Rolle im Verhalten der Gruppe spielt? Hier liegt ihr Horizont. Es läßt sich immerhin denken, daß der Horizont einer Gruppe auf das Zeitalter beschränkt bleibt, ebenso wie ihr Gedächtnis: eine Hypothese, die später noch untersucht werden wird. In diesem Fall würde der Koeffizient nun in den Grenzen eines Zeitalters variieren. Wenn also eine Gruppe eine Krisenperiodizität hat, die höher liegt als das Zeitalter, wird sich dieser Rhythmus, falls es zu keiner äußeren Intervention kommt, halten. Ist die Periode geringer als das Zeitalter, werden Gedächtnis und Vorausschau eine Rolle spielen, daher die Suche nach einer Lösung, die ursprünglich die Lagerung ist, woraus Arbeit entsteht.

LXVII

Choix d'une solution.

Les coefficients »expliquent« l'adoption de telle ou telle solution. Les conditions géographiques – mais on fait alors de D un élément variable – »expliquent« également le choix de telle ou telle possibilité. Les migrations de groupes secondaires sont évidentes pour un archipel, les migrations globales si dessèchement du territoire.

LXVIII

Solutions imposées.

Les catastrophes naturelles peuvent imposer des solutions. Le dessechement susnommé par exemple. Un envahissement par la mer des parties basses d'un pays peut provoquer un émiettement de groupes (archipel). Enfin on peut imaginer la disparition radicale de groupes et même de confédérations.

LXVII

Wahl einer Lösung.

Die Koeffizienten »erklären« die Annahme dieser oder jener Lösung. Die geographischen Bedingungen – allerdings macht man dann aus B ein variables Element – »erklären« ebenfalls die Wahl dieser oder jener Möglichkeit. Die Wanderungen von Sekundärgruppen sind bei einer Inselgruppe selbstverständlich, die globalen Wanderungen, wenn auf einem Gebiet Trokkenheit herrscht.

LXVIII

Aufgezwungene Lösungen.

Die Naturkatastrophen können bestimmte Lösungen notwendig machen. Die oben genannte Trockenheit zum Beispiel. Das Vordringen des Meeres auf die niedrigliegenden Teile eines Landes kann ein Zerbröckeln der Gruppen bewirken. Schließlich kann man sich auch das radikale Verschwinden von Gruppen und selbst Verbänden vorstellen.

LXIX

Importance des catastrophes en histoire.

En dehors du déluge considéré comme mythique et des engloutissements océaniques légendaires (Atlantide, Ys, etc.), l'histoire courante attribue peu d'importance aux catastrophes. La peste noire de 1348, le choléra de 1832, la grippe espagnole de 1918 ne semblent avoir eu aucune importance. Il faudra revenir sur cette question dans l'analyse des faits annalistiques. Il est en tout cas de fait que le tremblement de terre du Japon de 1923 n'a eu que peu de répercussions économiques et que l'épidémie de 1918 n'a que peu troublé les bénéfices des Compagnies d'Assurances-vie.
On cite aussi en exemple la ville de Lima détruite plus de dix fois par des tremblements de terre et toujours reconstruite.

LXX

Principe d'inertie.

Un groupe ne disparaît jamais de lui-même. Il faut toujours pour accomplir sa destruction définitive et assurer sa disparition, l'intervention d'une force extérieure: conquête étrangère, catastrophe. Ce prinicipe se déduit de XLV.

LXIX

Bedeutung der Katastrophen in der Geschichte.

Außer der als mythisch angesehenen Sintflut und den legendären ozeanischen Untergängen (Atlantis, Ys, usw.) mißt die gängige Geschichte den Katastrophen wenig Bedeutung bei. Die schwarze Pest von 1348, die Cholera von 1832, die spanische Grippe von 1918 scheinen keinerlei Bedeutung gehabt zu haben. Wir werden bei der Analyse der in den Annalen festgehaltenen Fakten auf dicse Frage zurückkommen müssen. Es ist jedenfalls eine Tatsache, daß das Erdbeben in Japan von 1923 nur geringe wirtschaftliche Auswirkungen gehabt hat und daß die Epidemie von 1918 die Gewinne der Lebensversicherungsgesellschaften nur geringfügig vermindert hat.
Es wird auch das Beispiel der Stadt Lima angeführt, die mehr als zehnmal vom Erdbeben zerstört worden ist und immer wieder aufgebaut wurde.

LXX

Trägheitsprinzip.

Eine Gruppe geht nie von selbst unter. Um ihre endgültige Zerstörung zu bewirken und ihren Untergang herbeizuführen, bedarf es immer der Intervention einer äußeren Macht: Eroberung durch Fremde, Katastrophe. Dieses Prinzip leitet sich aus Kapitel XLV ab.

LXXI

Fin cosmique de l'âge d'or.

Il a été précédemment envisagé la fin logique de l'âge d'or. On suppose parfois que cette fin fut provoquée par un incident astronomique (catastrophe) qui eut pour résultat l'apparition des saisons. Cette hypothèse n'est pas nécessaire pour expliquer l'histoire; mais il est de fait qu'il y a des saisons et des zones climatiques.

LXXII

Géologie. Autre définition de l'histoire.

Les seules catastrophes qui compteraient seraient donc les catastrophes géologiques. On pourrait définir le contenu de l'histoire, comme ce qui se passe entre deux catastrophes (d'importance géologique).

LXXI

Kosmisches Ende des goldenen Zeitalters.

Wir haben an anderer Stelle das logische Ende des goldenen Zeitalters in Betracht gezogen. Es wird manchmal angenommen, daß dieses Ende durch einen astronomischen Zwischenfall (Katastrophe) hervorgerufen worden ist, dessen Folge das Erscheinen der Jahreszeiten war. Diese Hypothese ist nicht notwendig, um die Geschichte zu erklären; aber es ist eine Tatsache, daß es Jahreszeiten und klimatische Zonen gibt.

LXXII

Geologie. Eine andere Definition der Geschichte.

Die einzigen Katastrophen, die also zählen, wären demnach die geologischen Katastrophen. Man könnte den Inhalt der Geschichte als das definieren, was sich zwischen zwei Katastrophen (von geologischer Bedeutung) abspielt.

LXXIII

Cycles astronomiques.

L'alternance des jours et des nuits est le premier modèle de toute réalité cyclique. Mais il est monotone tant que les jours et les nuits ont même longueur, c'est-à-dire avant la naissance des saisons. La naissance de la Lune provoque de son côté une autre sorte de cycle, avec ses répercussions naturelles et océaniques. Ce sont là des éléments de variété dans l'uniformité du rythme. Enfin l'observation des astres fait à l'homme découvrir d'autres périodicités.

LXXIV

L'histoire est-elle monotone?

Elle devrait l'être. Que ce soit répétition des jours ou des saisons, des guerres ou des révolutions, des catastrophes ou des épidémies, – ses éléments sont toujours semblables et d'une désolante identité. On accorde à la rigueur, il est vrai, que les sujets de ces maux étant renouvelés – ce sont des hommes d'ici ou là, de telle ou telle génération –, on tiendrait là une cause de diversité. Une première vue de l'histoire, surtout annalistique, ne saurait aboutir à rien d'autre qu'au nil novi sub sole, et à la considération de la fatalité.

LXXIII

Astronomische Zyklen.

Der Wechsel zwischen Tag und Nacht ist das erste Modell einer jeden zyklischen Realität. Aber es ist monoton, solange die Tage und die Nächte die gleiche Länge haben, das heißt, vor der Entstehung der Jahreszeiten. Die Entstehung des Mondes ruft ihrerseits eine andere Art von Zyklus mit natürlichen und ozeanischen Auswirkungen hervor. Es sind dies Elemente der Mannigfaltigkeit in der Gleichförmigkeit des Rhythmus. Schließlich läßt die Beobachtung der Gestirne den Menschen andere Periodizitäten entdecken.

LXXIV

Ist die Geschichte monoton?

Sie müßte es sein. Ob es die Wiederholung der Tage oder der Jahreszeiten, der Kriege oder der Revolutionen, der Katastrophen oder der Epidemien ist – ihre Elemente sind immer gleichförmig und von einer trostlosen Identität. Man räumt höchstens ein, daß die Tatsache, daß die Individuen, die diesen Drangsalen ausgesetzt sind – es sind die Menschen von hier oder da, dieser oder jener Generation – immer wieder andere sind, ein Grund zur Vielfalt sein könnte. Eine erste Bestandsaufnahme der Geschichte, vor allem der Annalen, würde zu keinem anderen Ergebnis kommen als zum nil novi sub sole und zum Sich-Fügen in die Fatalität.

LXXV

L'élément de nouveauté.

Cependant, il y a quelque part quelque chose de nouveau et qui fait réellement l'essence de l'histoire: ce sont les inventions. L'histoire des inventions est l'histoire véritable en tant qu'histoire et récit de qui est réellement et profondément nouveau.

LXXVI

Les monstres.

Dans l'annalistique ancienne, le nouveau est représenté par les monstres et les météorologies anormales (IV). Mais c'est dans un sens différent que dans LXXV ci-dessus: ici, il ne s'agit que de qualifier des temps; là, c'est l'homme qui donne à une chronologie indifférenciée sa saveur humaine.

LXXVII

Second aspect de l'histoire.

Qui est celui de la répétition. Alors on définit l'histoire: la science de l'enchaînement des faits collectifs mesurables humains.

LXXV

Das Element der Neuheit.

Und doch gibt es irgendwo etwas Neues, das wirklich das Wesen der Geschichte ausmacht: das sind die Erfindungen. Die Geschichte der Erfindungen ist die wirkliche Geschichte als Geschichte und Erzählung dessen, was wirklich und gründlich neu ist.

LXXVI

Die Ungeheuer.

In den alten Annalen wird das Neue durch die Ungeheuer und die anormale Meteorologie dargestellt (IV). Aber es geschieht in einem anderen Sinn als in LXXV: hier handelt es sich nur darum, Zeiten näher zu bestimmen; dort ist es der Mensch, der einer undifferenzierten Chronologie einen menschlichen Sinn gibt.

LXXVII

Zweiter Aspekt der Geschichte.

Es ist der Aspekt der Wiederholung. Daher wird die Geschichte wie folgt definiert: die Wissenschaft von der Aufeinanderfolge kollektiver meßbarer menschlicher Fakten.

LXXVIII

Troisième aspect de l'histoire.

C'est lorsque l'on tient compte de la géographie.

LXXIX

Premières phases logiques de l'histoire.

Il y a d'abord l'âge d'or (XX) et l'âge d'argent (XXXVI) qui ne diffère du précédent que par la mémoire (d'un premier traumatisme). Il n'existe alors que des groupes proliférant par scission, émission ou émiettement; leur nature est purement pulsative, et leur ensemble fluide. Après les crises et catastrophes critiques naît le travail; il se forme des noyaux durs à structure nette; les deux aspects (LXXVII et LXXVIII) sont alors à considérer; des groupes peuvent croître, soumettre, disparaître (LIII, LXX). Dans la troisième phase, se constituent des agrégats de plus en plus vastes (empires, cultures, civilisations).

LXXVIII

Dritter Aspekt der Geschichte.

Tritt dann ein, wenn man die Geographie in Betracht zieht.

LXXIX

Erste logische Phasen der Geschichte.

Zuerst gibt es das goldene Zeitalter (XX) und das silberne Zeitalter (XXXVI), das sich von dem vorhergehenden nur durch die Erinnerung (an ein erstes Trauma) unterscheidet. Es gibt nur Gruppen, die durch Spaltung, Ausschwärmen oder Zerbröckeln entstehen; ihr Wesen ist veränderlich und ihre Gemeinschaft fließend. Nach Krisen und kritischen Naturkatastrophen entsteht die Arbeit; es bilden sich harte Kerngruppen mit klarer Struktur; es sind nun beide Aspekte (LXXVII und LXXVIII) in Betracht zu ziehen; Gruppen können wachsen, sich unterwerfen, untergehen (LIII, LXX). In der dritten Phase bilden sich immer größere Zusammenschlüsse (Reiche, Kulturen, Zivilisationen).

LXXX

Onan. Sodome.

Au cours de la deuxième phase, intervient un nouvel élément qui modifie les lois de croissance du groupe. C'est le »vice«, c'est-à-dire la dissociation entre la sexualité et la reproductivité. Cela n'est possible pour l'homme que s'il peut prévoir; donc au moment où il conçoit l'utilité du stockage et où il commence à travailler; au moment où il féconde la nature, il recherche pour lui la stérilité. De l'une et l'autre activité (travail utile et sexualité désintéressée), il tire de grands plaisirs qui compensent la perte du bonheur primitif. Le groupe atteint ainsi des formes d'équilibre assez durables.

LXXXI

Survivances du bonheur.

Il ne semble pas qu'il faille les rechercher dans le paroxysme rythmé des fêtes, mais bien dans l'élément calme de la littérature. Celle-ci, lorsqu'elle est narrative, ne peut être autre chose que le récit de tribulations (comiques ou tragiques), récit qui tantôt finit mal, tantôt »bien«, c'est-à-dire à la victoire du héros, qui atteint le bonheur (il se marie, a des enfants et cultive son jardin) – c'est-à-dire qu'il sort alors de l'histoire (dans le double sens que peut prendre ici cette expression): il n'y a pas d'autre moyen d'être heureux. Dans l'autre espèce de fin, qui ne saurait être que la mort, l'homme sort aussi de l'histoire, mais d'une façon particulièrement peu intéressante, et sans grand effort d'imagination.

LXXX

Onan. Sodom.

Im Verlaufe der zweiten Phase kommt ein neues Element hinzu, das die Gesetze des Wachstums der Gruppe modifiziert. Es ist dies das »Laster«, das heißt die Trennung zwischen Sexualität und Fortpflanzung. Das ist nur dann für den Menschen möglich, wenn er vorausschauen kann; in dem Augenblick, wo er die Nützlichkeit des Einlagerns erfaßt und wo er zu arbeiten anfängt; in dem Augenblick, in dem er die Natur befruchtet, sucht er für sich die Sterilität. Aus beiden Tätigkeiten (nützliche Arbeit und zweckfreie Sexualität) zieht er große Lust, die den Verlust des ursprünglichen Glücks kompensiert. Die Gruppe erreicht somit ziemlich dauerhafte Formen des Gleichgewichts.

LXXXI

Fortdauer des Glücks.

Es sieht nicht so aus, als dürfte man sie in den rhythmischen Höhepunkten der Feste suchen, sondern im ruhigen Element der Literatur. Diese kann, wenn sie erzählender Art ist, nichts anderes sein als der Bericht von (komischen oder tragischen) Drangsalen, ein Bericht, der bald schlecht ausgeht, bald »gut«, das heißt, mit dem Sieg des Helden, der sein Glück erreicht (er heiratet, hat Kinder und bestellt seinen Garten) – was nun wiederum heißt, daß er aus der Geschichte (in der doppelten Bedeutung des Wortes) heraustritt: es gibt keine andere Möglichkeit, glücklich zu sein. Bei der anderen Art Ende, dem Tod nämlich, tritt der Mensch ebenfalls aus der Geschichte heraus, aber auf eine ganz besonders uninteressante Weise und ohne daß es großer Phantasie bedarf.

LXXXII

Stockage et chasse.

Dans LIX, la chasse est présentée comme postérieure au stockage. Mais cela ne s'impose pas. Pour que Q ne varie pas, il faut que l'homme soit frugivore, ou vive d'un mode d'alimentation voisin: il pratique la cueillette. On peut même admettre à ce stade qu'il soit mangeur de coquillages (fruits de mer). Il peut chercher ensuite à augmenter la quantité de nourriture fournie par le domaine qu'il occupe en variant son alimentation et il se livre à la pêche et à la chasse. Le stockage et ses conséquences (agriculture, domestication) sont ultérieures.

LXXXIII

Travail et modes de comportement proprement humains.

Faire des provisions ou chasser se rencontre dans le monde animal ailleurs que chez l'homme. Ce n'est qu'ensuite – avec l'utilisation du stock pour en reproduire une quantité supérieure, ce qui implique mémoire – et avec la fabrication des outils (bois, pierre, os, ivoire) – que le travail distingue enfin, péniblement, l'homme des êtres vivants voisins.

LXXXII

Einlagerung und Jagd.

In LIX wird die Jagd so dargestellt, als käme sie nach der Einlagerung. Aber das ist nicht unbedingt so. Damit N sich nicht verändert, muß der Mensch entweder Pflanzenfresser sein oder nach einer ähnlich gearteten Ernährungsweise leben: durch das Sammeln von Früchten. Man darf in diesem Stadium sogar annehmen, daß er auch Muscheln (Meeresfrüchte) ißt. Er kann nun versuchen, die von dem Gebiet, das er besetzt hält, gelieferte Nahrungsmenge dadurch zu vergrößern, daß er seine Ernährung variiert und sich dem Fischfang und der Jagd zuwendet. Die Einlagerung und ihre Folgen (Ackerbau, Domestizierung) kommen später.

LXXXIII

Arbeit und ausgesprochen menschliche Verhaltensweisen.

Vorräte anschaffen oder jagen trifft man in der Tierwelt nicht nur beim Menschen an. Erst später – mit der Nutzung des Vorrats um daraus größere Mengen zu erzeugen, was Gedächtnis voraussetzt – und mit der Herstellung von Werkzeugen (Holz, Stein, Knochen, Elfenbein) – unterscheidet die Arbeit den Menschen ganz wesentlich von den verwandten Lebewesen.

LXXXIV

Stockage des vieillards.

La biologie mathématique montre que les courbes de croissance des animaux ne possèdent pas de maximum, c'est-à-dire que le savant ne connaît jamais que la partie ascendante de la vie des animaux et tout se passe comme s'il n'y avait point d'animaux vieux (les exceptions sont bien connues). A l'état naturel, l'être vivant, particulièrement fragile, disparaît avant la sénilité. Il est légitime de penser qu'à un certain stade on n'a pas seulement stocké des provsions, mais aussi de l'expérience, non seulement en s'appliquant à conserver les hommes d'âge, mais encore le langage destiné à transmettre leurs souvenirs. Les groupes se constituent alors une mémoire, l'une formée par le comportement des vieillards expérimentés, l'autre par la possibilité de transmettre cette connaissance au moyen de procédés sonores.

LXXXV

Le siècle.

Le siècle est par définition la durée d'une expérience humaine collective. Concrètement, c'est le temps (variable) compris entre un moment quelconque et le moment où meurt le dernier des hommes nés au moment initial choisi. C'est une unité de mesure historique naturelle.

LXXXIV

Einlagerung der Greise.

Die mathematische Biologie zeigt, daß die Wachstumskurven der Tiere kein Maximum aufweisen, das heißt, daß der Gelehrte immer nur den aufsteigenden Teil des Lebens der Tiere kennt und sich alles so abspielt, als gäbe es keine alten Tiere (die Ausnahmen sind wohlbekannt). Im Naturzustand verschwindet das Lebewesen, da besonders hinfällig, bevor es das Greisenalter erreicht. Es ist zulässig, anzunehmen, daß man in einem gewissen Stadium nicht nur Vorräte, sondern auch Erfahrung eingelagert hat, und zwar nicht nur dadurch, daß man sich bemühte, die betagten Menschen zu erhalten, sondern auch die Sprache, die dazu bestimmt ist, ihre Erinnerungen weiterzugeben. Die Gruppen schaffen sich also ein Gedächtnis, wobei das eine aus dem Verhalten der erfahrenen Greise gebildet ist, das andere aus der Möglichkeit, dieses Wissen mit Hilfe stimmhafter Verfahren weiterzugeben.

LXXXV

Das Zeitalter.

Das Zeitalter ist seiner Definition nach die Dauer einer kollektiven menschlichen Erfahrung. Konkret gesagt, ist es die (veränderliche) Zeit zwischen irgendeinem Augenblick und dem Augenblick, in dem der letzte der zum gewählten Ausgangszeitpunkt geborenen Menschen stirbt. Es ist eine Einheit von natürlichem historischem Maß.

LXXXVI

Travail et littérature.

La littérature est la projection sur le plan imaginaire de l'activité réelle de l'homme; le travail, la projection sur le plan réel de l'activité imaginaire de l'homme. Tous deux naissent ensemble. L'une désigne métaphoriquement le Paradis Perdu et mesure le malheur de l'homme. L'autre progresse vers le Paradis Retrouvé et tente le bonheur de l'homme.

LXXXVII

Emploi de la vie humaine.

L'emploi normal de la vie de l'homme est donc de travailler et d'imaginer.

LXXXVIII

Loi d'équilibre.

L'étude mathématique de la croissance d'une population en milieu fermé montre que cette population tend vers une limite qui dépend du coefficient de multiplication et d'un coefficient limitatif (on ne spécifie pas la nature de cette limitation). Cette loi ne peut donc s'appliquer à un groupe qui peut se scinder (ou admettre une immigration), mais elle est valable pour de vastes ensembles humains et en tout cas pour l'humanité entière, les coefficients pouvant varier.

LXXXVI

Arbeit und Literatur.

Die Literatur ist die Projektion ins Imaginäre der wirklichen Aktivität des Menschen; die Arbeit die Projektion in die Wirklichkeit der imaginären Aktivität des Menschen. Beide entstehen gemeinsam. Die eine weist metaphorisch auf das Verlorene Paradies hin und mißt das Unglück des Menschen. Die andere schreitet in Richtung auf das Wiedergefundene Paradies fort und versucht das Glück des Menschen.

LXXXVII

Gebrauch des menschlichen Lebens.

Der normale Gebrauch des Lebens des Menschen ist es also, zu arbeiten und Ideen zu haben.

LXXXVIII

Gleichgewichtsgesetz.

Die mathematische Untersuchung über das Wachstum einer Bevölkerung in geschlossenem Milieu zeigt, daß diese Bevölkerung einer Grenze zustrebt, die vom Multiplikationskoeffizienten und von einem begrenzenden Koeffizienten (die Art dieser Begrenzung wird nicht näher angegeben) abhängt. Dieses Gesetz läßt sich also nicht auf eine Gruppe anwenden, die sich teilen (oder eine Einwanderung hinnehmen) kann, es gilt jedoch für große menschliche Gemeinschaften und auf jeden Fall für die gesamte Menschheit, wobei die Koeffizienten variieren können.

LXXXIX

Notion de périodomorphie.

Si l'histoire d'un groupe se termine par la constatation de son état d'équilibre, et s'il en est de même de celle de toute l'humanité, les cycles qui se manifestent entretemps ne sauraient avoir d'autre signification que de manifester des déséquilibres et non la nature essentiellement périodique de la réalité historique. Ce ne seraient alors que des pseudo-périodes.

XC

L'histoire, science de prévision diffuse.

On ne pourrait alors espérer que des prévisions approximatives – mathématiquement. Mais la prévision finale – quelque différée qu'elle puisse être – ne saurait manquer de se réaliser.

XCI

Formes logiques de transformation.

Au lieu alors d'envisager les phénomènes historiques comme liés au temps qui en serait à la fois le moteur et la cause, on pourrait étudier des formes logiques de transformation qui pourraient avoir une valeur plus qu'humaine, et autre.

LXXXIX

Begriff der Periodomorphie.

Wenn die Geschichte einer Gruppe mit der Feststellung ihres Gleichgewichtszustandes endet und wenn es mit der Geschichte der gesamten Menschheit genauso bestellt ist, könnten die Zyklen, die in der Zwischenzeit auftreten, nur eine einzige Bedeutung haben, nämlich die, den Verlust des Gleichgewichts, nicht aber die wesentlich periodische Natur der historischen Wirklichkeit kundzutun. Es wären also nur Pseudo-Perioden.

XC

Die Geschichte, eine Wissenschaft von ungenauer Vorausschaubarkeit.

Man könnte dann nur auf – mathematisch – approximative Prognosen hoffen. Aber die Schlußprognose – so abweichend sie auch sein mag – würde unweigerlich eintreffen.

XCI

Logische Veränderungsformen.

Anstatt die historischen Erscheinungen nun als zeitgebunden anzusehen, wobei die Zeit Antrieb und Ursache zugleich wäre, könnte man logische Veränderungsformen prüfen, die einen mehr als menschlichen und sonstigen Wert haben könnten.

XCII

De ce qui revient.

Les phénomènes primordiaux que l'histoire peut se présenter comme périodiques sont ceux qui sont liés à l'astronomie, l'année et ses différentes espèces notamment, résultant toujours d'une rotation d'un astre autour d'un autre. Le mois appartient aussi à cette catégorie, et qui est lié à des phénomènes naturels et physiologiques élémentaires. Le siècle (LXXXV) est une définition arbitraire à moins d'être lié à une raison d'ordre social et humain. La grande année, par contre de sens astronomique, a été toujours liée à une signification historique. D'ordre second sont les saisons, et par conséquent les phénomènes météorologiques, y compris les séismes et les inondations. D'ordre troisième, les faits d'ordre annalistique.

XCIII

Mépris de l'histoire pour les faits météorologiques.

L'histoire-narration ne s'est jamais attachée aux faits météorologiques, et surtout à leurs retours et à leurs rythmes. Cela n'est pour elle que d'ordre anecdotique, et pourtant elle n'est pas sans souligner la tempête de l'Armada, la pluie du neuf thermidor, le soleil d'Austerlitz et l'hiver de la campagne de Russie.

XCII

Von dem was wiederkommt.

Die allerersten Erscheinungen, die die Geschichte sich als periodische vorstellen kann, sind die, die mit der Astronomie zusammenhängen, insbesondere das Jahr und seine verschiedenen Arten, die immer von der Umdrehung eines Gestirns um ein anderes herrühren. Der Monat gehört ebenfalls zu dieser Kategorie, die an Naturerscheinungen und elementare physiologische Erscheinungen gebunden ist. Das Zeitalter (LXXXV) ist eine willkürliche Definition, es sei denn, es ist mit einem Ereignis gesellschaftlicher und menschlicher Art verknüpft. Hingegen ist das große Jahr im astronomischen Sinne auch immer an eine historische Bedeutung gebunden gewesen. Zweitrangig sind die Jahreszeiten und folglich die meteorologischen Erscheinungen, einschließlich der Erdbeben und der Überschwemmungen. Drittrangig sind die Begebenheiten aus den Annalen.

XCIII

Mißachtung der Geschichte für die meteorologischen Fakten.

Die erzählte Geschichte hatte sich nie an die meteorologischen Fakten gehalten und vor allem nicht an ihre Wiederholungen und ihre Rhythmen. Für sie ist das nur anekdotisches Beiwerk, und dennoch vergißt sie nicht, auf das Unwetter der Armada hinzuweisen, auf den Regen vom 9. Thermidor, auf die Sonne von Austerlitz und den Winter des Rußlandfeldzuges.

XCIV

Du choix des dates.

Quant aux faits d'ordre annalistique, la critique faite par l'histoire-narration à tout essai de séries périodiques de dates porte sur le choix même de ces dates. Il importe de savoir ce qui est important, un avènement, une bataille, une découverte.

XCV

Segmentation du devenir.

Cependant cette sorte même d'histoire ne peut se dispenser de segmenter le devenir. Mais elle se défend de s'attarder à des coincidences de durées par exemple.

XCIV

Von der Wahl der Daten.

Was die Fakten der Annalen angeht, so bezieht sich die Kritik der erzählten Geschichte an jedem Versuch, periodische Reihen von Daten zu konstruieren, gerade auf die Wahl dieser Daten. Es ist wichtig zu wissen, was wichtig ist, ein Ereignis, eine Schlacht, eine Entdeckung.

XCV

Segmentierung des Werdens.

Doch gerade diese Art von Geschichte kommt nicht umhin, das Werden aufzusplittern. Aber sie wehrt sich dagegen, sich beispielsweise bei Koinzidenzen der Dauer aufzuhalten.

XCVI

Cycles possibles.

L'année, et les années, ne sont pas liées nécessairement à des phénomènes historiques. Indépendamment de tout calcul sur des dates plus ou moins convenablement choisies, il importe tout d'abord de noter que toute histoire concède qu'un certain nombre de faits cycliques peuvent peut-être être liés à des phênomènes historiques comme concomitants ou même comme causes. Par exemple, la périodicité des taches solaires et la périodicité des crises économiques.

XCVII

[L'auteur aurait sans doute alors envisagé la possibilité de rythmes dans les différentes civilisations.]

XCVI

Mögliche Zyklen.

Das Jahr und die Jahre sind nicht unbedingt an historische Erscheinungen gebunden. Unabhängig von jeder Rechnung über mehr oder weniger passend gewählte Daten ist es zunächst einmal wichtig festzuhalten, daß jede Geschichte davon ausgeht, daß eine gewisse Anzahl von zyklischen Ereignissen vielleicht mit historischen Erscheinungen als Begleiterscheinungen oder gar als Ursachen in Verbindung gebracht werden können. Zum Beispiel die Periodizität der Sonnenflekken und die Periodizität der Wirtschaftskrisen.

XCVII

(Der Autor hätte nun sicherlich die Möglichkeit von Rhythmen in den verschiedenen Kulturen in Betracht gezogen.)

Zu den Texten

Im Unterschied zu den meisten Texten Queneaus sind diese Aphorismen in einer sehr nüchternen, kunstlosen, fast wissenschaftlichen Sprache geschrieben. Es fehlt ihnen, wie Jean Queval sich ausdrückt, das »Schmieröl«, das man von seinen Romanen und seinen Gedichten her kennt. Also kein Argot, keine Umgangssprache, keine Sprachspiele, sondern sachliche, mathematisierte Beschreibung der menschlichen Situation. Eine zweisprachige Ausgabe bot sich, auch in Anbetracht der Kürze des Textes, geradezu an.

Die Übersetzung, bereits Ende der sechziger Jahre entstanden und für die vorliegende Ausgabe neu überarbeitet, folgt der Originalausgabe von 1966.

Biographische Daten

1903 Am 21. Februar wird Raymond Queneau in Le Havre (Normandie) geboren. Seine Eltern betrieben ein Kurzwarengeschäft, wie er später in seiner Autobiographie in Versen *Chêne et Chien (Eiche und Hund)* notieren sollte. Er besucht die Volksschule und das Gymnasium in seiner Heimatstadt. Geschwister hat er keine.

1920 Abitur und Studium der Philosophie an der Pariser Sorbonne, das er mit der »licence« abschließt.

1924 Schließt sich durch Vermittlung von Pierre Naville der surrealistischen Bewegung an und veröffentlicht sporadisch Beiträge in *La Révolution surréaliste.*

1925 Wird eingezogen und leistet seinen Militärdienst bei den Zouaven, der französischen Kolonialtruppe, zunächst in Algerien, dann in Marokko ab.

1927 Nach der Entlassung vom Militärdienst und einem Intermezzo als Vertreter für Papiertischtücher in Restaurants Angestellter bei der Bank »Comptoir National d'Escompte«, die im *Chiendent (Der Hundszahn)*, seinem ersten Roman, zum »Kontor der Konten« wird.

1928 Heirat mit Jeanine Kahn.

1929 Aus ganz persönlichen Gründen kommt es zum Bruch mit André Breton, worauf er aus der surrealistischen Gruppe ausgeschlossen wird.

1930 Beginnt in der Nationalbibliothek in Paris mit einer umfassenden Untersuchung über die »literarischen Irren«, der er den Titel *Enzyklopädie der unexakten Wissenschaften* geben möchte und die schließlich in seinen Roman *Les enfants du Limon (Die Kinder des alten Limon)* eingehen sollte.

1932 Reise nach Griechenland, wo der größte Teil seines ersten Romans *Le Chiendent (Der Hundszahn)* entsteht. Lebt vorwiegend von Übersetzungen.

1936 Aufenthalt auf Ibiza in Gesellschaft Michel Leiris', dessen Begeisterung für die spanische Folklore er allerdings

nicht zu teilen vermag. – Beginnt im gleichen Jahre in der Abendzeitung *L'Intransigeant* eine Rubrik mit dem Titel *Kennen Sie Paris?*

1938 Tritt als Lektor in den Pariser Verlag Gallimard ein.

1939 Wird zu Beginn des Krieges eingezogen, aber bereits 1940 wieder demobilisiert. Lebt eine Zeitlang im Limousin, wo er angeblich auch einige Erfahrung als Wahrsager gesammelt haben soll. Literarisch verarbeitet in *Sonntag des Lebens*.

1941 Generalsekretär bei der Verlagsanstalt Gallimard.

1942 Schreibt *Eine Modellgeschichte.*

1945 Herausgeber der *Encyclopédie de la Pléiade.*

1950 Unternimmt eine längere Reise in die Vereinigten Staaten, zusammen mit Roland Petit, für den er eine Musikkomödie schreiben sollte. Was dabei herauskommt, sind die Chanson der *Croqueuse de diamants.*

1951 Wird auf Vorschlag von Salacrou zum Mitglied der Académie Goncourt ernannt. Tritt im gleichen Jahr dem Collège de 'Pataphysique bei.

1952 Zweite Reise nach Griechenland. Jury-Mitglied beim Film-Festival von Cannes.

1956 Schreibt in Mexiko die Dialoge zu dem Film von Luis Buñuel *Der Tod in diesem Garten.* Im gleichen Jahr erscheint der erste Band der *Encyclopédie de la Pléiade.* Reise in die Sowjet-Union, die in die Zeit des ungarischen Aufstandes fällt.

1960 Am 24. November findet die erste Sitzung des »Ouvroir de littérature potentielle (Oulipo)« (»Werkstatt für potentielle Literatur«) statt, den er zusammen mit François Le Lionnais gegründet hat.

1961 Queneau schreibt die Dialoge zu dem Film *Sonntag des Lebens,* der nach seinem gleichnamigen Roman gedreht wird. Arbeitet weiterhin als Lektor bei Gallimard, schreibt und veröffentlicht Romane, Gedichte, Essays.

1976 Am 25. Oktober stirbt Raymond Queneau in Neuilly bei Paris.

Bibliographische Angaben

BIBLIOGRAPHISCHE ANGABEN

ORIGINALAUSGABEN

Le Chiendent. Roman. Paris: Éditions Gallimard 1933.
Gueule de Pierre. Roman. Paris: Éditions Gallimard 1934.
Les Derniers Jours. Roman. Paris: Éditions Gallimard 1936.
Odile. Roman. Paris: Éditions Gallimard 1937.
Chêne et Chien. Roman in Versen. Paris: Éditions Denoel 1937.
Les Enfants du Limon. Roman. Paris: Éditions Gallimard 1938.
Un rude hiver. Roman. Paris: Éditions Gallimard 1939.
Les Temps Mêlés. Roman. [»Gueule de Pierre« II]. Paris: Éditions Gallimard 1941.
Pierrot mon Ami. Roman. Paris: Éditions Gallimard 1942.
Les Ziaux. Gedichte. Paris: Éditions Gallimard 1943.
En passant. Stück in zwei Akten. Lyon: Éditions Barbezat 1944.
Loin de Rueil. Paris: Éditions Gallimard 1945.
L'Instant Fatal. Gedichte. Paris: Éditions Aux Nourritures Terrestres 1946.
Exercices de style. Paris: Éditions Gallimard 1947.
A la limite de la Forêt. Erzählung. Paris: Éditions Fontaine 1947.
Bucoliques. Gedichte. Paris: Éditions Gallimard 1947.
Une trouille verte. Erzählungen. Paris: Éditions de Minuit 1947.
On est toujours trop bon avec les femmes. Roman. Paris: Éditions du Scorpion 1947.
Saint Glinglin. Roman. Paris: Éditions Gallimard 1948.
Le Cheval Troyen. Erzählung. Paris: Éditions Georges Visat 1948.
Joan Miró ou le Poète préhistorique. Essay. Paris: Éditions Skira 1949.
Petite Cosmogonie portative. Gedicht. Paris: Éditions Gallimard 1950.
Bâtons, Chiffres et Lettres. Essays und Kritiken. Paris: Éditions Gallimard 1950. – Taschenbuchausgabe Paris: Gallimard 1965.
Journal Intime. Roman. Paris: Éditions du Scorpion 1950.
Si tu t'imagines. Gedichte. Paris: Éditions Gallimard 1952.

Le Dimanche de la Vie. Roman. Paris: Éditions Gallimard 1952.
Lorsque l'Esprit. Essay. Paris: Éditions du Collège de 'Pataphysique 1955.
Sonnets. Gedichte. Paris: Éditions Hautefeuille 1958.
Le Chien à la Mandoline. Gedichte. Verviers: Éditions Temps Mêlés 1958.
Zazie dans le métro. Roman. Paris: Éditions Gallimard 1959.
Cent Mille Milliards de Poèmes. Gedichte. Paris: Éditions Gallimard 1961.
Les Œuvres complètes de Sally Mara. Paris: Éditions Gallimard 1962.
Entretiens avec Georges Charbonnier. Rundfunkinterviews. Paris: Éditions Gallimard 1962.
Bords: Mathématiciens, Précurseurs, Encyclopédistes. Essays. Paris: Éditions Hermann 1963.
Les Fleurs Bleues. Roman. Paris: Éditions Gallimard 1965.
Meccano ou l'analyse matricielle du langage. Milano: Sergio Tosi 1966.
Une histoire modèle. Paris: Éditions Gallimard 1966.
Courir les rues. Gedichte. Paris: Éditions Gallimard 1967.
Battre la campagne. Gedichte. Paris: Éditions Gallimard 1968.
Le vol d'Icare. Roman. Paris: Éditions Gallimard 1968.
Texticules. Kurztexte. Paris: Éditions de la Galérie Louise Leiris 1968.
Fendre les Flots. Gedichte. Paris: Éditions Gallimard 1969.
De quelques langages animaux imaginaires et notamment du langage chien dans Sylvie et Bruno. Essay. Paris: Éditions de l'Herne 1971.
Le Voyage en Grèce. Essays und Kritiken. Paris: Éditions Gallimard 1973.
Morale élémentaire. Texte. Paris: Éditions Gallimard 1975.
Contes et Propos. Erzählungen, Theater, Kurztexte. Paris: Éditions Gallimard 1981.

ÜBERSETZUNGEN

Mein Freund Pierrot. Roman aus dem heutigen Paris. Übersetzung: Gottfried Beutel. Stuttgart 1950.
Zazie in der Metro. Übersetzung: Eugen Helmlé. Frankfurt: Suhrkamp 1960.
Stilübungen – Autobus S. Übersetzung: Ludwig Harig, Eugen Helmlé. Frankfurt: Suhrkamp 1961.
Intimes Tagebuch der Sally Mara. Übersetzung: Eugen Helmlé. Karlsruhe: Stahlberg 1963.
Zazie in der Metro. Übersetzung: Eugen Helmlé. Frankfurt: edition suhrkamp Nr. 29, 1963.
Sobald der Geist. Übersetzung: Eugen Helmlé, Ludwig Harig. In: *Eröffnungen*, Jg. 16/1965.
Taschenkosmogonie. Übersetzung: Ludwig Harig. Mit einer Einleitung von Max Bense. Wiesbaden: Limes 1964.
Mein Freund Pierrot. Übersetzung: Eugen Helmlé. Frankfurt: edition suhrkamp Nr. 76, 1964.
Man ist immer zu gut zu den Frauen. Übersetzung: Eugen Helmlé. Karlsruhe: Stahlberg 1964.
Die Haut der Träume – Fern von Rueil. Übersetzung: Eugen Helmlé. Frankfurt: Suhrkamp 1964.
Das Trojanische Pferd. Übersetzung: Eugen Helmlé. Wiesbaden: Limes 1964.
Miró oder der prähistorische Poet. Übersetzung: Eugen Helmlé. In: Abschnitte Nr. 6/ Stuttgart 1963.
Die Redundanz bei Phane Armé. Übersetzung: Ludwig Harig. In: *Eröffnungen* 16/1965.
Heiliger Bimbam. Übersetzung: Eugen Helmlé, Ludwig Harig. Frankfurt: Suhrkamp 1965.
Die blauen Blumen. Übersetzung: Eugen Helmlé. Karlsruhe: Stahlberg 1966.
Mathematik von morgen. Übersetzung: Hans Naumann, Alexander von Platen. München: Nymphenburger 1967.
Sonntag des Lebens. Übersetzung: Eugen Helmlé. Karlsruhe: Stahlberg 1968.

Der Flug des Ikarus. Übersetzung: Eugen Helmlé. Karlsruhe: Stahlberg 1969.
Die Matrizenanalyse des Satzes in der französischen Sprache. Übersetzung: Eugen Helmlé. In: Elisabeth Walther/Ludwig Harig (Hg.): *Muster möglicher Welten. Eine Anthologie für Max Bense.* Wiesbaden: Limes 1970, S. 145–147.
Das intime Tagebuch der Sally Mara. Übersetzung: Eugen Helmlé. München: Deutscher Taschenbuch Verlag Nr. 656, 1970.
Eine Modellgeschichte. Übersetzung: Eugen Helmlé. Hof: Verlag Neue Literatur 1970.
Sonntag des Lebens. Übersetzung: Eugen Helmlé. München: Deutscher Taschenbuch Verlag Nr. 760, 1971.
Der Hundszahn. Übersetzung: Eugen Helmlé. Stuttgart: Werner Gebühr 1972.
Der Flug des Ikarus. Übersetzung: Eugen Helmlé. München: Deutscher Taschenbuch Verlag Nr. 840, 1972.
Odile. Übersetzung: Eugen Helmlé. Stuttgart: Werner Gebühr 1973.
Ein Winter in Le Havre. Übersetzung: Eugen Helmlé. Stuttgart: Werner Gebühr 1975.
Das heiße Fleisch der Wörter. Übersetzung: Ludwig Harig. Pforzheim: Harlekin-Presse 1976.
Die kleinen Geschäfte des Monsieur Brabbant. Übersetzung: Eugen Helmlé. Stuttgart: Werner Gebühr 1977.
Nebenbei. Übersetzung: Eugen Helmlé. Frankfurt: Verlag der Autoren 1978.
Bouvard und Pécuchet. Essay. Übersetzung: Eugen Helmlé. In: *Flaubert: Bouvard und Pécuchet.* Übersetzung: Erich Marx. Zürich: Diogenes 1979.
Intimes Tagebuch der Sally Mara. Man ist immer gut zu den Frauen. Sally Maras Gesammelte Werke. Übersetzung: Eugen Helmlé. Frankfurt: Zweitausendeins 1979.
Hunderttausend Milliarden Gedichte. Nachwort von François le Lionnais. Übersetzung: Ludwig Harig. Frankfurt: Zweitausendeins 1984.

Mein Freund Pierrot. Übersetzung: Eugen Helmlé. Frankfurt: Bibliothek Suhrkamp Nr. 895, 1985.
Die blauen Blumen. Übersetzung: Eugen Helmlé. Frankfurt: Fischer Taschenbuchverlag Nr. 5891, 1985.
Sonntag des Lebens. Übersetzung: Eugen Helmlé. Frankfurt: Fischer Taschenbuchverlag Nr. 5892, 1985.
Odile. Übersetzung: Eugen Helmlé. Frankfurt: Fischer Taschenbuchverlag Nr. 5878, 1985.
Intimes Tagebuch der Sally Mara. Übersetzung: Eugen Helmlé. Frankfurt: Fischer Taschenbuchverlag Nr. 5832, 1984.
Man ist immer zu gut zu den Frauen. Übersetzung: Eugen Helmlé. Frankfurt: Fischer Taschenbuchverlag Nr. 5833, 1985.

HÖRSPIELE (ÜBERSETZUNGEN)

Nebenbei. Übersetzung: Eugen Helmlé. Hörspielfassung. Westdeutscher Rundfunk 1976.
Der Flug des Ikarus. Dreiteilige Hörspielfassung. Übersetzung und Bearbeitung: Eugen Helmlé. Norddeutscher Rundfunk 1976.

ÜBER RAYMOND QUENEAU (AUSWAHL)

Bibliographien der Werke Raymond Queneaus haben Claude Rameil in der Sondernummer Raymond Queneau der Zeitschrift *L'Herne* (1975) sowie Wolfgang Hillen in *Bibliographie des études sur l'homme et son œuvre,* Köln: Éditions Gemini 1981, zusammengestellt.
Raymond Queneau gewidmet sind die Zeitschriften *Les Amis de Valentin Brû,* Levallois-Perret (Association des amis de Valentin Brû) 1977 ff., und: *temps mêlés. Documents Queneau. Periodique trimestriel.* 150 + 1 = ' . Verviers: temps meles 1978 ff.

Claude Simmonet: *L'œuvre romanesque de Raymond Queneau.* In: *Libertés* (Paris), 15. 12. 1944.
Georges Bataille: *La mechanceté du langage: Raymond Queneau.* In: *Critique* 4/1948.
Noël Arnaud: *Avec Raymond Queneau.* In: *Bulletin international du surréalisme* (Brüssel) 1, 1948.
Gaëton Picon: *Raymond Queneau.* In: *Panorama de la nouvelle littérature française.* Paris 1951.
Elisabeth Walther: *Dichterische Experimente. Über Raymond Queneau.* In: Max Bense: *Rationalismus und Sensibilität.* Krefeld / Baden-Baden: Agis 1956.
Marguerite Duras: *Entretiens. Uneuravek.* In: *L'Express,* 22. 1. 1959.
Jean Queval: *Raymond Queneau. Essai, portraits, bibliographie, facsimiles.* Paris: Seghers 1960. Troisième édition 1971.
Gerda Zeltner-Neukomm: *Die Vollendung des Wesenlosen. Raymond Queneau.* In: Gerda Zeltner-Neukomm: *Das Wagnis des französischen Gegenwartsromans.* Reinbek: Rowohlt 1960, S. 59–66.
André Blavier: *Raymond Queneau à la decade du foyer culturelle international de Cérisy-la-Salle.* Verviers: temps mélés 1960.
Jacques Bens: *Queneau.* Paris: Editions Gallimard 1962.
Maurice Nadeau: *Raymond Queneau.* In: Maurice Nadeau: *Le roman français depuis la guerre.* Paris: Éditions Gallimard 1963.
Max Bense: *Einleitung in Queneaus Kleine tragbare Kosmogonie.* In: Raymond Queneau: *Taschenkosmogonie.* Wiesbaden: Limes 1963, S. 5–8.
Helmut Heissenbüttel: *Raymond Queneau.* In: *Merkur,* 19. Jg./ Heft 7/Juli 1965, S. 690–693.
Paul Gayot: *Raymond Queneau.* Paris: Editions Universitaires 1967.
Elisabeth Gülich: Raymond Queneau. In: *Französische Literatur der Gegenwart in Einzeldarstellungen.* Hg. von Wolf-Dieter Lange. Stuttgart: Kröner 1971.
Ernst Kemmner: *Sprachspiel und Stiltechnik in Raymond Queneaus Romanen.* Diss. Tübingen 1972.

Jörg Drews: *Auf der Suche nach dem S im U oder: Versuch, die Geschichte auf einen Nenner zu bringen.* (Rez. Modellgeschichte). In: *Süddeutsche Zeitung,* 20. 6. 1970.
Klaus Podak: *Wo es Wörter hagelt. Queneaus »Hundszahn« – nach 40 Jahren auf deutsch.* In: *Süddeutsche Zeitung,* 9. 12. 1972.
Werner Spies: *Hochzeit der Sprache. »Der Hundszahn« – ein früher Roman Queneaus auf deutsch.* In: *Frankfurter Allgemeine Zeitung,* 25. 11. 1972.
Andrée Bergens (Hg.): *Raymond Queneau. Cahier de l'Herne,* Nr. 29. Paris: Editions de l'Herne 1975.
René Etiemble: *Quelques mots sur Queneau et le taoisme.* In: René Etiemble: *Essais de la littérature (vraiment) générale.* Troisième édition. Paris: Gallimard 1975.
Hanns Grössel: *Reichsprotektorat Frankreich. Raymond Queneaus Roman über den Kriegswinter 1916/17.* In: *Süddeutsche Zeitung,* 20./21. 12. 1975.
Hans Dieter Bork: *Neo-français = français avancé? Zur Sprache Raymond Queneaus.* In: *Romanische Forschungen,* Jg. 87/1975.
Ludwig Harig: *Der Mann, der Zazie erfand.* In: *Saarbrücker Zeitung,* 26. 10. 1976.
Ursula Ulrike Moder: *Normproblematik und Raymond Queneau.* Diss. Wien 1978.
Jutta Langenbacher: *Das neo-français. Sprachkonzeption und kritische Auseinandersetzung Queneaus mit dem Französisch der Gegenwart.* Frankfurt/Bern: Peter Lang 1981.
Italo Calvino. *Die Philosophie Raymond Queneaus.* In: Italo Calvino: *Kybernetik und Gespenster. Überlegungen zur Literatur und Gesellschaft.* München: Hanser 1984, S. 178–197.

Nachwort

Eigentlich hätte Queneau, wie er einmal erzählte, gern ein Handwerk erlernt, wäre am liebsten Schlosser oder Schreiner geworden, obgleich ihn die Mathematik – 1951 wurde er in die Société Mathématique de France gewählt – genauso stark faszinierte. Das Schreiben sah er eher als eine unbedeutende, nichtssagende Tätigkeit an, und dennoch tat er sein ganzes Leben lang – sein erster, später veröffentlichter Text stammt aus dem Jahre 1916[1] – nichts anderes als schreiben, lesen, lektorieren, edieren.

Nach dem Urteil des französischen Literaturhistorikers Gaëton Picon[2] ist Raymond Queneau einer der ersten Schriftsteller mit philosophischem Verstand. Doch im Gegensatz zu Sartre etwa, mit dem er zeitweise befreundet war, oder Camus hat er nie eine Weltanschauung verkündet, der man ein bestimmtes Etikett aufkleben könnte. Im Gegenteil, er hat etwas getan, was in den Augen von Lehrstuhlinhabern eher als Sakrileg anmuten mag: er hat die Philosophie von den Lehrstühlen vertrieben, um sie auf dem Marktplatz anzusiedeln. Philosophische Fragen werden in seinen Büchern auf der Straße oder an Kneipentheken erörtert, jedoch nicht in einer abstrakten Sprache, sondern so, daß sie jedermann einsichtig werden. Daher gilt sein Werk, vor allem, seit er mit seinem Roman *Zazie in der Metro* (1959) das große Publikum erreicht hat, als »volkstümlich«, ein Attribut, dem immer noch etwas Abschätziges anhaftet, und der Witz, der häufig die Dialoge und Situationen seiner Bücher kennzeichnet, verstellt nur allzu oft den Blick für die darin enthaltene philosophische Gedankenwelt.

Im Mittelpunkt des Queneauschen Œuvres aber steht die Sprache. Die Welt Queneaus ist in erster Linie Sprachwelt, und was ihn seit jeher am stärksten gefesselt hat, war »das sprachlich gestellte Problem der Sprache«. Bereits als Schüler ist er betroffen von dem, wie er findet, fundamentalen Unterschied

1) Es handelt sich um ein Ende 1916 geschriebenes und Ende 1975 in dem Raymond Queneau gewidmeten Sonderband der Zeitschrift *L'HERNE* erschienenes Theaterstück mit dem Titel *Aux enfers*.

zwischen dem geschriebenen Französisch und dem gesprochenen Französisch, das sich eine eigene Grammatik, eine eigene Syntax und ein eigenes Vokabular geschaffen und sich somit als etwas ungemein Lebendiges, Entwicklungsfähiges erwiesen hat. Um dieses »Neo-Französisch« vom Ruch des Illegitimen, des Bastardhaften zu befreien, mußte man ihm zunächst einmal Eingang in die Literatur verschaffen, und so gesehen sind die ersten schriftstellerischen Versuche Queneaus darauf ausgerichtet, die ausdrucksvolle Sprache des Volkes literaturfähig zu machen. Wie einst ein chinesischer Kaiser die Sitten der Chinesen dadurch änderte, daß er die Schriftzeichen änderte, so versucht auch Queneau ein neues Zeit- und Selbstbewußtsein zu geben,indem er die Möglichkeiten einer neuen Sprache vorzeichnet. Er hat den Mut, die französische Schriftsprache von einer versteinerten Syntax zu befreien, an der sie seiner Meinung nach zu ersticken droht, und sein eigenes Werk ist von Anfang bis Ende eine permanente Demonstration, wie dies zu geschehen hat, zugleich aber auch die stete Aufforderung, sich von den eingewurzelten sprachlichen Gewohnheiten loszureißen, wenn ihre einzige Funktion nur noch darin besteht, Gewohnheit zu sein.

»Eine neue Sprache erweckt neue Ideen, und neues Denken verlangt nach einer frischen, unverbrauchten Sprache.« Der Gedanke ist erst dann vermittelbar, wenn er Syntax und Rhythmus findet, also Sprache wird. So sucht Queneau zunächst einmal die musikalische, auf dem Wort beruhende Natur der Sprache wiederzufinden, aus der die neue poetische Sprache entstehen soll. Er hat hierzu mit dem gesprochenen Französisch das Idiom gewählt, dessen poetische Möglichkeiten noch am wenigsten ausgeschöpft sind.

Wenn sich Queneau unbekümmert über die Tabus der Sprache hinwegsetzt, wenn er fragwürdig Gewordenes mehr oder weniger bedenkenlos zerstört, so ist das nicht Ausdruck eines Destruktionswillens an sich, sondern eher der Beweis dafür, daß ihm Konvention und Gewohnheit nicht viel gelten, daß er nicht einfach akzeptiert, sondern prüft, wägt und durch die

Worte hindurch nach der Bedeutung der Dinge sucht. »Jedes Wort ist eine kleine geistige Waffe, die auf ein Ding zielt und auf dieses unsere Aufmerksamkeit abfeuert«, notiert Ortega y Gasset[3], eine Waffe, die Queneau sorgfältig untersucht, bevor er sie auf die Dinge richtet, sich ihrer bedient; er scheuert an den Wörtern, er reibt sie blank oder wirft sie weg, wenn sie den Anforderungen nicht mehr genügen. Sein Verhalten zeigt, daß er kein absolutes Vertrauen in die Sprache hat, und im Verlaufe seiner Rundfunkinterviews mit Georges Charbonier[4] bekennt er: »(...) im Gegensatz zur griechisch-christlichen Theorie bin ich nicht der Meinung, daß die Sprache ein Absolutes ist, daß die Wahrheit in der Sprache ist, das heißt, daß man die Wahrheit findet, wenn man die Sprache enthäutet.« Nicht um Wahrheiten zu verkünden, Meinungen von sich zu geben oder Gefühle auszudrücken, schreibt er, sondern um sich immer wieder mit dieser so skeptisch betrachteten Sprache und ihren unmittelbaren Gegebenheiten auseinanderzusetzen.
Dic Sprache, »diese zugleich gelungene und mißlungene Erfindung des Menschen«, ist Queneau immerwährende Romanfigur. Bereits in seinem ersten Roman, *Der Hundszahn* (1933) führt er jedermann vor Augen, »daß das Benennen, jene seltsame wittgensteinsche Vcrbindung eines Wortes mit einem Gegenstand die menschlichste Tat ist, die es gibt«[5]. Es ist daher schwierig, das Buch auf seinen Inhalt zu reduzieren. Ein Kritiker hat es einmal »den Roman von Romanfiguren« genannt, die ihrer Bedingung als Romanfiguren zu entgehen versuchen und daran scheitern. Aus Wörtern baut sich eine Geschichte auf, die nicht nur ein linguistischer und strukturaler Kraftakt ist, sondern auch als eine Art romanhafter Kommentar zu Descartes' *Discours de la méthode* angesehen werden kann.

---

2) *Queneau plutôt à part*, Seite 72, erschienen in dem Sonderband der Zeitschrift *L'HERNE*, Paris 1975.

3) *Miseria y Esplendor de la traducción.* José Ortega y Gasset.

4) Raymond Queneau: *Entretiens avec Georges Charbonnier.* Paris: Éditions Gallimard 1962, S. 14.

5) Ludwig Harig: *Der Mann, der Zazie erfand. Zum Tode von Raymond Queneau.* Saarbrücker Zeitung, 26. 10. 1976.

In einem Gespräch mit Georges Ribemont-Dessaignes[6], einem früheren Gefährten aus der surrealistischen Zeit, erzählt Queneau, daß der *Discours de la méthode* tatsächlich der Ausgangspunkt zu diesem Buch gewesen ist, denn was ihm im Sommer 1932 auf einer griechischen Insel vorschwebte, war eine Übersetzung dieses klassischsten Werkes des klassischen Französisch in gesprochenes Französisch, weil er fand, daß das zeitgenössische, gesprochene Französisch nur dann eine wirkliche, literarisch fruchtbare Sprache werden könne, wenn auch die Philosophen und Gelehrten sie benutzten. Der äußere Anlaß, der zur Entstehung des Buches mit beitrug, war der kurz zuvor erfolgte Bruch mit dem Surrealismus. »Nach dem Surrealismus blieb eigentlich keine andere Wahl, als die Literatur dort wieder aufzunehmen, wo sie vorher gestanden hatte, das aber hieß im Grunde, beim Akademismus landen. Gerade ihm aber mußte ich entgehen.«

Während er einerseits eine gerade sinnliche Befriedigung dabei findet, die Wörter, »diese gemachten Gegenstände, die man unabhängig voneinander betrachten kann«, wie es im *Hundszahn* heißt, zu handhaben, mit ihnen zu jonglieren wie ein Artist, sich ihrer auf alle möglichen Arten zu bedienen, ist er andererseits darauf bedacht, seinen Romanen eine strenge mathematische Form zu geben, sie nach einem vorher festgelegten Plan zu konstruieren. Er überläßt nichts dem Zufall; alles, was geschieht, geschieht notwendig, gehorcht festen Gesetzen, ist eingebettet in ein ausgeklügeltes Bezugssystem. Das gilt insbesondere für den Roman *Der Hundszahn*, wo der Kalkül die entscheidende Rolle spielt.

»Ich bin immer der Ansicht gewesen, daß ein literarisches Werk eine Struktur und eine Form haben sollte, und in meinem ersten Roman habe ich mich darum bemüht, daß diese Struktur äußerst streng und vielfältig ist, das heißt, daß es nicht nur eine Struktur, sondern gleich mehrere Strukturen gibt«, notiert er in

---

6) Raymond Queneau: *Conversation avec Georges Ribemont-Dessaignes.* In: *Bâtons, chiffres et lettres.* Paris: Éditions Gallimard 1965.

seinen Werkstattberichten[7], die sich in vielem mit Arno Schmidts *Berechnungen* vergleichen lassen.

In diesen Äußerungen Queneaus finden wir einen Widerhall des Flaubertschen Traums – und es ist kein Zufall, daß gerade Flaubert sein Lieblingsautor ist – von einem Buch über nichts, von einem Buch ohne Stütze, das sich von selbst hält, allein durch die innere Kraft des Stils, durch die Strenge der Konstruktion, durch die Vielfalt der Strukturen und die Verselbständigung der Sprache. Für diesen Autor bedeutet Roman so etwas wie ein Spiel, das eine innere Ordnung verlangt und Regeln, die umso strenger sein müssen, als es außerhalb dieses Spiels nichts gibt, was es rechtfertigen könnte. Daher diese Zwänge, die zur Schaffung einer Form beitragen, die umso autonomer, objektiver und notwendiger ist, je subjektiver der Ausgangspunkt ist. Obgleich *Der Hundszahn* dem Anschein nach nicht autobiographisch ist, wurde die Form des Romans dennoch durch ganz egozentrische Motive festgelegt und drückt demnach das aus, was der Inhalt zu verbergen glaubt. Das Buch setzt sich aus 91 (7×13) Abschnitten zusammen, was der Autor folgendermaßen begründet: »Ich sah damals in der 13 eine wohltuende Zahl, weil sie das Glück verneint. Was die 7 betrifft, so hielt ich sie und halte sie noch immer für das numerische Abbild meiner Selbst, da mein Name und meine beiden Vornamen sich aus je sieben Buchstaben zusammensetzen und ich an einem 21. (7×3) geboren bin.«[8]

Wäre dieser erste Roman, der zugleich auch der umfangreichste, vielschichtigste, durchkonstruierteste ist, das einzige gewesen, was Queneau geschrieben hätte, er würde, wie Claude Simonnet formuliert hat, »durchaus genügt haben, seinen Autor zu definieren«.[9] Zwar geht Queneau später in der Behandlung und Manipulation der Sprache weiter als in die-

7) Raymond Queneau: *Bâtons, chiffres et lettres.* Paris: Éditions Gallimard 1965.

8) Raymond Queneau: *Technique du roman.* In: *Bâtons, chiffres et lettres.* Paris: Éditions Gallimard 1965.

9) Claude Simonnet: *Queneau déchiffré (Notes sur »Le Chiendent«).* Paris: Éditions Julliard 1962.

sem Buch, so etwa in den *Stilübungen* (1947), in *Zazie in der Metro* (1959), in *Die blauen Blumen*(1965), doch nie wieder zimmert er eines seiner Werke so solide, so akkurat, so exakt wie *Der Hundszahn*, und »nie wieder gibt er einem Roman einen solchen Eindruck von Vollständigkeit und Konsistenz« (Cl. Simonnet). Man hat Queneau mit Raymond Roussel verglichen, und in der Tat gibt es zwischen ihnen gewisse Analogien: beide sind Anhänger überkonstruierter Dinge. Doch während es sich bei Roussel[10], dessen Erfindungen schon kombinatorischen Ursprungs sind, um textimmanente Konstruktionen handelt, haben wir es bei Queneau eher mit Rahmen und Gerüsten zu tun, die einem bestimmten Thema auferlegt werden. Sind Form und Inhalt zwar auch hier ineinander verschachtelt, lassen sie sich dennoch, anders als im Werk Roussels, klar voneinander unterscheiden. »Die ganze Wissenschaft stellt sich in ihrer vollendeten Form als Technik und Spiel dar«, heißt es in einem Essay von Queneau und viele seiner Romane zeichnen sich aus durch einen Spielcharakter, der allerdings jemanden voraussetzt, mit dem man spielt und der mitspielt. Daher bezieht Queneau auch den Leser in sein Spiel ein, macht ihn vertraut mit den Regeln des Spiels, klärt ihn darüber auf, daß er es mit einem Spiel zu tun hat. Dazu gehört eben auch, daß er seinen Romanhelden den Status von Kunstfiguren verleiht, die ihren Zustand und ihre Situation als Kunstfiguren ständig reflektieren und sich der Tatsache bewußt sind, Produkte des Autors zu sein, wie er es vor allem in seinem ersten Roman *Der Hundszahn* und in seinem letzten Roman *Der Flug des Ikarus* deutlich demonstriert.

Mit *Les derniers jours (Die kleinen Geschäfte des Monsieur Brabbant)* (1936) und *Odile* (1937) folgen nun zwei sehr stark autobiographisch gefärbte Romane, von denen vor allem *Odile* sich als so etwas wie ein Schlüsselroman darstellt. Es ist eine

10) Zu Raymond Roussel vgl. Hanns Grössel (Hg.): *Raymond Roussel. Eine Dokumentation*, sowie Raymond Roussel: *Nouvelles Impressions d'Afriques*, übersetzt und herausgegeben von Hanns Grössel. Beide München: edition text + kritik 1977 und 1980.

leidenschaftliche, fast haßerfüllte Abrechnung mit dem Surrealismus oder besser der surrealistischen Gruppe um André Breton, der Raymond Queneau einige Jahre lang angehört hat. Auf jeden Fall manifestiert dieser Roman eine totale Ablehnung der gesamten surrealistischen Atmosphäre. Daß sich Queneau bereits früher bewußt vom Surrealismus distanzierte, zeigt sich schon im *Hundszahn*, wo er sich, gerade um dem Ausufernden der »écriture automatique« zu entgehen, strenge Regeln auferlegt und mit seiner Romantechnik, die auf den Einfluß englischer und amerikanischer Romanciers, insbesondere Joyces und Faulkners, zurückgeht, Wege beschreitet, die denen der Surrealisten diametral entgegenlaufen. Später allerdings erkannte er in einem Gespräch mit Georges Ribemont-Dessaignes[11] die Bedeutung des Surrealismus an, sowohl für ihn selber als auch für die andern, aber auch seinen Einfluß im gesamten Geistesleben.

Jahr um Jahr erscheint nun ein Roman. Nach *Les enfants du Limon* (*Die Kinder des alten Limon;* 1938), einer »Enzyklopädie der unexakten Wissenschaften«, in die seine Arbeiten über die »literarischen Irren« eingegangen sind, folgt 1939 der letzte der »biographischen« Romane, *Ein Winter in Le Havre*, dessen konkreter gesellschaftlicher Bezugsrahmen Queneaus Heimatstadt Le Havre ist. Unmittelbar vor Ausbruch des Zweiten Weltkriegs beschwört der Autor hier die Realität des Krieges, wenn auch eines vergangenen, den er als Kind erlebt hat. Der sonntägliche Kinobesuch, Fremdenhaß und Antisemitismus sind die historischen Realitäten, die Queneaus Kindheit begleiteten.

Mit *Mein Freund Pierrot* (1942) erscheint ein Buch, das man wie *Die Haut der Träume – Fern von Rueil* (1944) oder *Sonntag des Lebens* (1952) fast einen Schelmenroman nennen könnte. Für Gerda Zeltner-Neukomm[12] ist dieser Roman die fast mythische

---

11) Raymond Queneau: *Conversation avec Georges Ribemont-Dessaignes.* In: *Bâtons, chiffres et lettres.* Paris: Éditions Gallimard 1965.

12) Gerda Zeltner-Neukomm: *Das Wagnis des französischen Gegenwartsromans.* Reinbek: Rowohlt 1960, S. 61.

Verkörperung eines absolut hohlen Daseins, mit dem es dem Autor gelungen sei, dem Nichts einen entsprechenden Ausdruck zu geben.
Das Buch, das ein Kriminalroman hätte werden können, zeigt die Härte des Lebens, seine Absurdität, zeigt aber auch, wie sehr der Mensch beherrscht bleibt von seinen Instinkten und seinen Vorurteilen. Das Bild der Welt, das Queneau in allen seinen Romanen zeichnet, ist trotz des heiteren Anscheins düster und pessimistisch. Angesichts der Härte des Lebens reagieren viele Figuren Queneaus mit der Flucht, und zwar einer Flucht in den Wach- und Tagtraum. Nur träumend läßt sich die Absurdität des Daseins ertragen, könnte man als Botschaft aus vielen seiner Romane herauskristallisieren, wenn Queneau sich nicht strikte weigerte, Botschaften zu verkünden oder Lösungen – abgesehen von den imaginären der 'Pataphysik – anzubieten. Auf die Frage, wie man das Absurde und das Leben miteinander versöhnen kann, antwortet er: »Wahrscheinlich, indem man absurd lebt«, auch hier eine Eindeutigkeit in seiner Antwort verweigernd, da es so viele Möglichkeiten gibt. Wie die Mehrzahl seiner Figuren, wie Trouillogan bei Rabelais, ebenfalls ein Autor, mit dem ihn viel verbindet, zieht er es vor, mit Ausflüchten zu antworten.
Für einen Teil vornehmlich der deutschen Kritik gilt Queneau als ein Verfasser heiterer Traumspiele und grotesker Komik, als ein Autor, der seit langem schon sein humoristisches Spiel damit treibt, bestimmte Wörter in phonetischer Schreibweise verballhornend wiederzugeben, als ein Witzbold und Humorist, ein Spaßvogel von hohen Graden, ein galgenhumoriger Poet, der seine Romanfiguren mit liebevoll sarkastischem Humor charakterisiert und endlich der Literatur wieder einen Platz für Späße eingeräumt hat.
Dabei hat sich der Autor schon Jahre, bevor man ihn auf den Komiker und Spaßvogel festlegen wollte, gegen den Berufshumoristen ausgesprochen, mit dem man ihn tatsächlich nur bei oberflächlicher Betrachtung verwechseln kann. »Es gibt Leute«, schrieb er einmal, »die machen aus dem Humor eine

tägliche Übung. Ich habe einige von dieser Sorte gekannt. Ich habe auch festgestellt, daß diese Haltung die bequemste ist, die man sich überhaupt denken kann. Gleichgültig, was diese Leute tun, ob es eine Gemeinheit oder eine Hanswursterei ist, immer haben sie die Ausrede des Humors parat. Aber auf diesen Humor dürften eigentlich nur die Einfaltspinsel der Literatur hereinfallen.«[13]

Das Zentralthema Queneaus ist in Wahrheit nicht der Humor, sondern die Sprache, und seine Welt ist in erster Linie Sprachwelt, die Personen seiner Romane sind lediglich Objekte oder Anlässe, mit denen die Sprache etwas anstellt. Handlung hat bei Queneau einzig und allein die Funktion, Sprache in Bewegung zu halten. Wort- und Buchstabenverstellungen, syntaktische Verschiebungen, Persiflagen und Parodien, Dialekte und Argot, Zeit- und Ortswechsel, Subjekt-Objektvertauschungen usw. besagen lediglich, daß für ihn bestehende Sprachformen fragwürdig geworden und eingebleute Regeln nicht mehr verbindlich sind. Und in *Bâtons, Chiffes et Lettres* lesen wir: »Wenn ich versuche, die disparaten Elemente, die sich schließlich zu einem Richtungsprinzip ordneten, miteinander zu koordinieren, so muß ich feststellen, daß es vor allem das sprachlich gestellte Problem der Sprache gewesen ist, das mich am stärksten gefesselt hat.«

Raymond Queneau ist ein Experimentator der Sprache, er arbeitet am Wort, an seinen Bedeutungen, an seinen Vieldeutigkeiten, er prüft Wortwirkungen in ungewöhnlichen Zusammenhängen und treibt gleichzeitig, fast wie nebenbei, genialen Sprachulk. Dabei nutzt er die Techniken des Machens in wahrhaft subtiler Weise aus; der Kalkül zum Beispiel spielt eine ganz entscheidende Rolle bei seinen Arbeiten, und fast alle seine Romane, in denen im Grunde nichts geschieht, was von Bedeutung wäre, sind ausgesprochen mathematische Konstruktionen. In einem Interview mit Marguerite Duras äußerte er

---

13) Raymond Queneau: *Le voyage en Grèce (Die Reise nach Griechenland)*. Paris: Éditions Gallimard 1973.

einmal: »Ein Roman ist fast so etwas wie ein Sonett, er ist sogar noch komplizierter, zumindest die meinen, denn ich bin ein Anhänger sehr streng konstruierter Dinge«. Und in einem anderen Zusammenhang, zu einem anderen Interviewer: »Ich sehe mich heute als sehr klassisch an, sehr klassisch als Idee... als Idee vom literarischen Tun... Ich habe damals Ultra-Strukturen verwendet (gemeint ist die Zeit nach seinem Bruch mit dem Surrealismus), Ultra-Konstruktionen... Ich habe mich über-konstruierter Dinge bedient, kurzum, alle meine Personen gehorchen festen Plänen, sie erscheinen und verschwinden auf rhythmische Weise...«, mit andern Worten, der Roman ist angelegt wie ein Gedicht. Das hat sicherlich damit zu tun, daß »jeder kluge Kopf«, wie Max Bense schreibt[14], »eine Vorliebe mit einer anderen verbindet. Raymond Queneau verbindet seine Vorliebe für die Zahlen mit der Vorliebe für die Wörter, die Vorliebe für die Arithmetik mit der Vorliebe für die Poesie.«

Diese Vorlieben für die Wörter und die Sprache, die Zahlen und die Mathematik, die strengen Formen und die Poesie führten 1947 schließlich zu einem Buch, von dem man nicht so recht weiß, welcher Gattung man es zuordnen soll und das ihm zum ersten Mal über den kleinen Kreis der Eingeweihten hinaus so etwas wie literarischen Ruhm und Wertschätzung eingetragen hat. Gemeint sind die *Stilübungen* (die im Deutschen den überflüssigen Zusatz *Autobus S* bekommen haben), die viele als die Quintessenz seines literarischen Schaffens ansehen.

Schon der Titel des Buches verrät die Absicht des Autors, an einem einfachen Thema formale Möglichkeiten zu erproben, sprachlichen Ausbau zu betreiben, Handwerkszeug zu schärfen. Es sind insgesamt neunundneunzig sprachliche Variationen zu einem einzigen Thema, das unter einem bestimmten Aspekt syntaktischer oder stilistischer Art jeweils neu beschrieben wird. Das Unternehmen, einfache Motive zum Vorwurf

---

14) Vorwort zur deutschen Übersetzung von Raymond Queneau: *Petite Cosmogonie portative (Taschenkosmogonie).* Wiesbaden: Limes 1963, S. 21.

stilistischer Vervielfältigung zu verwenden, ein Verfahren, das aus der Bauart der Fuge gewonnen und auch in der Malerei zur Anwendung gekommen ist, hat in Queneaus Wortlaboratorium eine literarische Version gefunden. Queneau schreibt dazu:
»Bei den *Stilübungen* bin ich von einer wirklichen Begebenheit ausgegangen, die ich zuerst zwölf mal auf verschiedene Art erzählt habe; ein Jahr später habe ich dann zwölf weitere Variationen hinzugefügt, und zum Schluß sind es neunundneunzig geworden. Man hat hierin einen Versuch sehen wollen, die Literatur niederzureißen, jedoch lag dies keineswegs in meiner Absicht; auf jeden Fall war meine Absicht wirklich nur die, Stilübungen zu machen; das Ergebnis indes brachte vielleicht ein Blankscheuern der Literatur von ihren Roststellen und ihren Krusten zustande. Wenn ich hierzu ein wenig hätte beitragen können, so wäre ich darüber sehr stolz, vor allem, wenn ich es getan hätte, ohne den Leser allzu sehr zu langweilen.«
Die Idee dazu war ihm übrigens bei einem Konzert in der Salle Pleyel gekommen, wo die Kunst der Fuge gegeben wurde. Ausgangspunkt ist eine geradezu unglaublich banale Geschichte, die der Autor den verschiedensten sprachlichen Prozeduren unterzieht, damit den ursprünglichen eng begrenzten Sachverhalt in immer neue erweiterte Bedeutungen umsetzt und sie schließlich in die äußersten erzählbaren Möglichkeiten verlegt. Diese neunundneunzig Variationen eines Themas zeigen, daß die Dinge, die Queneau in der Vorstellung verwirklicht und die er in Sprache wiederzugeben versucht, die gleiche Deutlichkeit besitzen, wie die Dinge, die ihm in der physischen Erfahrung zuteil werden, und daß nichts anderes als das Wort die verschiedenartigsten Informationsbestände über die Grenzen der unvereinbar scheinenden Kategorien transportiert.
Es ist bei den Erfindungen Queneaus immer schwierig, die Grenzen zwischen Experiment und Spiel festzusetzen. Auf der einen Seite die strenge Formalisierung, auf der anderen das Augenzwinkern, aber auch das Amüsement (beim Autor und

beim Leser), das hervorgerufen wird durch die ungewöhnliche linguistische Behandlung eines Gegenstands.
Queneau ist der Auffassung, daß es keinen biographischen Anlaß, kein wie auch immer beschaffenes Erlebnis, keinen von Welt und Umgebung initiierten Antrieb gebe, den Schriftsteller zum Schreiben zu animieren. Möglichst Ruhe, Gleichförmigkeit, geglättetes Außenleben, keine Aufregung, keine besonderen Ereignisse: das begünstigt die Poesie. Sie wird also gemacht, nicht erlebt. So legt Queneau 1950 seine Betrachtungen über die Natur, seine in der Ruhe und Zurückgezogenheit gewonnenen »Erkenntnisse« über die Entstehung und Entwicklung des Weltalls in einer in klassischen Alexandrinern geschriebenen *Taschenkosmogonie* vor, die man als so etwas wie ein Heldengedicht der Wissenschaft ansehen kann. Doch er spricht nicht als Naturforscher, sondern als Linguist. »Es ist zwar immer von Dingen die Rede, aber nur insofern sie Wörter sind. ...Urworte und Spätworte, Wortatome und Wortmoleküle, Wortreste, Wortfassaden, Worthäuser, Wortbrunnen, Wortspalten, Kofferworte, Wortverstecke, Wortspiele, Wortarchitekturen, Wortschichten, Wortgebirge, unermeßliche Terminologien, die man nicht übersteigt...«[15]
Im gleichen Jahr unternimmt Queneau in Begleitung von Roland Petit, für den er eine Musikkomödie zu schreiben beabsichtigt, eine längere Reise in die Vereinigten Staaten, veröffentlicht den Essay-Band *Batôns, Chiffres et Lettres* sowie, unter dem Pseudonym Sally Mara, *Das intime Tagebuch der Sally Mara,* eine ganz aus Wortwitz und Wortspiel konstruierte Erotomanie, in der die Sprache auf recht eigene Weise beim Wort genommen wird. Reflexionen über Formen, Wörter und Redensarten der französischen Sprache sind dadurch motiviert, daß die Tagebuchschreiberin eine junge Irin ist, die sich für ihre Aufzeichnungen eines Idioms bedient, das sie nur unvollkommen beherrscht. Mehr noch als in den anderen Romanen liegt die Originalität Queneaus hier nicht so sehr in

15) Ebd. S. 23.

der Erzähltechnik als in der Sprache. *Das intime Tagebuch* sowie der bereits 1947 erschienene Roman *Man ist immer zu gut zu den Frauen* wurden vor allem wegen ihrer drastischen Erotik von der Kritik als literarische Nebenprodukte ein wenig geringgeschätzt, obgleich hier »die Konstruktion des möglichen Weltausschnitts von einer bis dahin nie erreichten Leichtigkeit und Virtuosität ist« (Helmut Heißenbüttel).
Neben dem Roman *Sonntag des Lebens* (1952) veröffentlicht Queneau in den folgenden Jahren mehrere Gedichtbände, schreibt Filmdialoge und Drehbücher, gibt den ersten Band der *Encyclopédie de la Pléiade* heraus und unternimmt eine Reise in die Sowjet-Union.
1959 erscheint der Roman *Zazie in der Metro,* der ihm nicht nur den »Preis für Schwarzen Humor« einträgt, sondern ihm auch den Durchbruch beim großen Publikum bringt. Vom Formalen her ist das Buch nach klassischem Vorbild gebaut, da es sich streng an die Regeln der drei Einheiten von Ort, Zeit und Handlung hält. Dabei kommen alle Schreibarten darin vor, vom klassischen Sprachgestus bis zur Umgangssprache und zum Gossenjargon, die grammatikalischen Zeiten sind durcheinandergewirbelt, ein Verfahren, das Queneau in fast allen seinen Romanen anwendet (*Vermischte Zeiten* war der programmatische Titel eines frühen Buches, das später in dem Roman *Le Saint-Glinglin (Heiliger Bimbam)* aufgehen sollte), die Elemente des traditionellen Romans werden in ihr parodistisches Gegenteil verkehrt. Ein weiteres Stilelement Queneaus, nicht nur in diesem Roman, ist eine höchst eigenwillige phonetische Schreibweise, die er jedoch recht sparsam anwendet, da er ein zu guter Schriftsteller ist, um nicht zu wissen, daß eine allzu häufige Verwendung bestimmter grammatikalischer oder orthographischer Formen der Umgangssprache die Lektüre nicht nur schwierig und monoton machen, sondern den komischen Überraschungseffekt auch aufheben würde.
1960 gründet Queneau zusammen mit François Le Lionnais die *Werkstatt für potentielle Literatur (Ouvroir de littérature potentielle,* abgekürzt *Oulipo* genannt), der Schriftsteller, Linguisten

und Mathematiker angehören. Ziel dieser Arbeitsgruppe ist die Einführung des systematischen, organisatorischen Denkens in die Literatur: »Wir haben uns vorgenommen, ein ganzes Arsenal von Strukturen, Methoden, Techniken anzulegen, in dem der Dichter frei wählen kann, sobald er sich von der sogenannten Inspiration lösen will. Sprache ist nämlich in gewisser Hinsicht etwas Künstliches. Literatur, die aus Sprache gemacht ist, enthält demnach Künstliches und das bedeutet, da das Künstliche, theoretisch wenigstens, mechanisierbar ist, daß auch Literatur mechanisierbar ist«, schreibt Queneau in seinem Essay *Littérature potentielle«.*

Ein Beispiel für solch ein mechanisiertes und durchorganisiertes Stück Literatur liefert Queneau Anfang 1961 mit seinem Gedichtband *Cent mille milliards de poèmes (Hunderttausend Milliarden Gedichte),* eine Sonettensammlung, die es jedem erlauben soll, sich nach Belieben seine eigenen Sonette zusammenzustellen, hunderttausend Milliarden oder hundert Billionen insgesamt.

Sie sind das Ergebnis einer mathematischen Konstruktion, die ausgeht von zehn in ihrer grammatikalischen Struktur gleichbleibenden Grundsonetten, aus denen nun durch Vertauschung immer wieder neue Gedichte gebildet werden. Die Anzahl der im Titel genannten Gedichte ergibt sich durch die Kombinationen von zehn Sonetten zu je vierzehn Versen. Mit diesem Band hat Queneaus Vorliebe für Mathematik und Kombinatorik, aber auch für strenge Strukturen und Formalisierungen ihren Höhepunkt erreicht. Gleichzeitig hat er damit eine Forderung Lautréamonts: »Die Literatur soll von allen gemacht werden, nicht von einem« erfüllt, denn jeder Leser kann nun mit dem vom Autor zur Verfügung gestellten Material sein Gedicht selber machen.

Das Interesse an Zahlenmystik, aber auch an enzyklopädischer Wissensaufbereitung zeigt sich wieder in *Die blauen Blumen* (1965). Die aus Vergangenheit und Gegenwart gewebte Erzählung wird von einer Zeitklammer zusammengehalten, die viermal hundertfünfundsiebzig Jahre oder sieben Jahrhunderte

umfaßt und in einundzwanzig (7×3, seine biographischen Daten) Kapitel gegliedert ist. Der Roman beginnt mit dem Zeitalter Ludwig des Heiligen und einer Betrachtung der »historischen Situation« durch die Romanfigur I, den Herzog d'Auge. Die allerdings »war recht verschwommen. Überreste aus der Vergangenheit lagen hier und da noch wrackhaft herum. An den Ufern des nahen Bächleins lagerten zwei Hunnen; nicht weit von ihnen entfernt tauchte ein Gaulois, zu deutsch Gallier genannt, kühn seine Füße in das fließende, kühle Wasser. Am Horizont zeichneten sich die weichen Silhouetten müder Römer, korinthischer Sarazenen, alter Franken, einsamer Alanen ab. Ein paar Normannen tranken Calvados.« Und alles das, die ganze Geschichte, »nur wegen einiger Kalauer, wegen einiger Anachronismen«. Doch sobald Romanfigur II, ein Kahnbewohner namens Cidrolin, erwacht, versinkt Figur I in tiefen Schlaf und umgekehrt. Der Roman ist gewissermaßen ein geträumter Streifzug durch die Geschichte, der indes deutlich macht, wie wenig wir aus der Geschichte zu lernen bereit sind.

Nicht zur Untermauerung dieser These, sondern als »zusätzliche Information« für die Leser seines Romans *Die blauen Blumen* veröffentlicht er ein Jahr darauf *Die Modellgeschichte* (1966), eine Textfolge, in der er die Geschichte als »die Wissenschaft vom Unglück der Menschen« darstellt. Glückliche Völker, sagt Queneau, kennen keine Kriege, keine Revolutionen, folglich auch keine Geschichte. So einfach aber läßt sich Geschichte nicht auf einen Nenner bringen, denn Naturkatastrophen, Klimaveränderungen, Schönwetter- und Schlechtwetterperioden sind alles Faktoren, die dem Glück der Menschen eher abträglich sind, ihr Unglück bedingen. Damit aber sind wir bereits beim Ursprung der Literatur, denn fiktive Erzählungen, so Queneau, haben immer nur das Unglück der Menschen zum Gegenstand. Da die Erfahrung den Menschen lehrt, daß immer und überall nur das Unglück auf ihn lauert, verscheucht er seine Angst, indem er fiktives Unglück erfindet. Auch wenn der Autor selber seinen Beitrag zur quantitativen

Geschichte für sehr gering erachtet, kann man ihn zumindest als eine Art Tagebuch (der Fragment gebliebene Text wurde bereits 1942, in einem der düstersten Augenblicke der europäischen Geschichte also, niedergeschrieben) und als einen Schlüssel zu seinen Romanen ansehen. Von diesem Standpunkt aus ist *Die Modellgeschichte* für den italienischen Historiker Ruggiero Romano[16] von »zentraler« Bedeutung innerhalb des Queneauschen Werkes. Sie eignet sich sicherlich nicht als Instrument zur Analyse »historischer« Fakten im traditionellen Sinne, wohl aber zur Erhellung des Queneauschen Weltbildes. Was den Menschen vom Tier unterscheidet, ist die Herstellung und der Gebrauch von Werkzeugen sowie die »Fähigkeit, die Natur zu korrigieren«. Damit ist die wahre Geschichte für Queneau die Geschichte der Erfindungen, obgleich er, wie sein Biograph Jean Queval feststellt[17], alles andere als wissenschaftsgläubig ist und schon gar nicht an den Fortschritt glaubt. Die These, die Raymond Queneau in seiner *Modellgeschichte* vertritt, könnte man mit Antonin Artaud auf die Kurzformel bringen: »Alle Epochen sind zum Kotzen«. Ausgenommen vielleicht das Goldene Zeitalter, aber darüber weiß man nichts.

1968 erscheint mit *Der Flug des Ikarus* sein letzter Roman. Bereits der Titel (auf französisch »Le vol d'Icare«) ist doppeldeutig, und diese Doppeldeutigkeit (»vol« heißt sowohl Flug als auch Diebstahl, und das Buch handelt, vordergründig, auch vom Fliegen und Stehlen) durchzieht den ganzen Roman.

Queneau, der die Künstlichkeit von Kunst stets im Blick behält, entlarvt hier den Realismus im Roman als Unmöglichkeit. Real ist nur die Sprache und das, was der Autor mit ihr anstellt. Die Suche von Autoren nach ihren (gestohlenen) Personen, die den Inhalt dieses Buches ausmacht, geschieht in einer scheinbar chaotischen Welt, die indes dem ausgeklügelten System eines Romanciers entstammt, der nichts dem Zufall überläßt, seinen

---

16) Ruggiero Romano: *Un modèle pour l'historie.* In Sonderband *Raymond Queneau* der Zeitschrift *L'HERNE*, Paris 1975.

17) Jean Queval: *Raymond Queneau.* In der Reihe: Poètes d'aujourd'hui. Paris: Éditions Seghers 1971.

Gefallen am Spiel und an streng konstruierten Dingen jedoch auf eine so witzige Weise befriedigt, daß Lesen wieder zur Lust wird.
Obgleich dem Anschein nach leicht konsumierbar, erschließt sich die Vielfalt dieses Werkes nur dem, der sich die Mühe macht, »die Schale zu zerbrechen und zum Kern vorzudringen«. Vielleicht fällt es gerade wegen dieser Leichtigkeit, wegen seines Humors auch, vielen Kritikern immer noch schwer, dieses Werk ganz ernst zu nehmen – ein Werk, das mit soviel Melancholie von der Absurdität des Seins und mit soviel Galgenhumor vom »Unglück der Menschen« erzählt.

Neuweiler, im Juni 1985 Eugen Helmlé

INHALT